ECONOMIA
EXPONENCIAL

EDUARDO IBRAHIM

ECONOMIA
EXPONENCIAL

Da disrupção à abundância em um
mundo repleto de máquinas

ALTA BOOKS
EDITORA

Rio de Janeiro, 2021

Economia Exponencial

Copyright © 2021 da Starlin Alta Editora e Consultoria Eireli.
ISBN: 978-65-5520-808-5

Todos os direitos estão reservados e protegidos por Lei. Nenhuma parte deste livro, sem autorização prévia por escrito da editora, poderá ser reproduzida ou transmitida. A violação dos Direitos Autorais é crime estabelecido na Lei nº 9.610/98 e com punição de acordo com o artigo 184 do Código Penal.

A editora não se responsabiliza pelo conteúdo da obra, formulada exclusivamente pelo(s) autor(es).

Marcas Registradas: Todos os termos mencionados e reconhecidos como Marca Registrada e/ou Comercial são de responsabilidade de seus proprietários. A editora informa não estar associada a nenhum produto e/ou fornecedor apresentado no livro.

Impresso no Brasil — 1ª Edição, 2021 — Edição revisada conforme o Acordo Ortográfico da Língua Portuguesa de 2009.

Erratas e arquivos de apoio: No site da editora relatamos, com a devida correção, qualquer erro encontrado em nossos livros, bem como disponibilizamos arquivos de apoio se aplicáveis à obra em questão.

Acesse o site **www.altabooks.com.br** e procure pelo título do livro desejado para ter acesso às erratas, aos arquivos de apoio e/ou a outros conteúdos aplicáveis à obra.

Suporte Técnico: A obra é comercializada na forma em que está, sem direito a suporte técnico ou orientação pessoal/exclusiva ao leitor.

A editora não se responsabiliza pela manutenção, atualização e idioma dos sites referidos pelos autores nesta obra.

Produção Editorial
Editora Alta Books

Gerência Comercial
Daniele Fonseca

Editor de Aquisição
José Rugeri
acquisition@altabooks.com.br

Produtores Editoriais
Illysabelle Trajano
Maria de Lourdes Borges
Thales Silva
Thiê Alves

Marketing Editorial
Livia Carvalho
Gabriela Carvalho
Thiago Brito
marketing@altabooks.com.br

Equipe de Design
Marcelli Ferreira
Paulo Gomes

Diretor Editorial
Anderson Vieira

Coordenação Financeira
Solange Souza

Produtora da Obra
Larissa Lima

Equipe Ass. Editorial
Brenda Rodrigues
Caroline David
Luana Rodrigues
Mariana Portugal
Raquel Porto

Equipe Comercial
Adriana Baricelli
Daiana Costa
Fillipe Amorim
Kaique Luiz
Victor Hugo Morais
Viviane Paiva

Atuaram na edição desta obra:

Revisão Gramatical
Leonardo Breda
Helder Novaes

Projeto Gráfico | Capa |
Diagramação
Aline Ibrahim

Dados Internacionais de Catalogação na Publicação (CIP) de acordo com ISBD

114e	Ibrahim, Eduardo
	Economia Exponencial: da disrupção à abundância em um mundo repleto de máquinas/ Eduardo Ibrahim. - Rio de Janeiro : Alta Books, 2021.
	240 p. : il. ; 16cm x 23cm.
	Inclui bibliografia e índice.
	ISBN: 978-65-5520-808-5
	1. Economia. 2. Economia Exponencial. I. Título.
2021-3833	CDD 330
	CDU 33

Elaborado por Vagner Rodolfo da Silva - CRB-8/9410

(M) **Ouvidoria:** ouvidoria@altabooks.com.br

Editora afiliada à:

Rua Viúva Cláudio, 291 — Bairro Industrial do Jacaré
CEP: 20.970-031 — Rio de Janeiro (RJ)
Tels.: (21) 3278-8069 / 3278-8419
www.altabooks.com.br — altabooks@altabooks.com.br

Dedico este livro à minha família, especialmente à minha avó Ilsa (em memória) por sempre ter me apoiado. Ao meu pai Samir por ter lutado pela minha educação. À minha mãe Marlene pela dose de ousadia e loucura. E à minha irmã Aline por ser minha melhor amiga.

EDUARDO IBRAHIM

Eduardo Ibrahim tem um background singular que une tecnologia, economia e finanças comportamentais. Tornou-se *faculty* da Singularity University Brazil depois de fazer parte do programa de inovação mais procurado do mundo, no campus da NASA, Vale do Silício, onde incorporou sua primeira empresa de Inteligência Artificial.

TED x Speaker, com passagens por grandes empresas e *startups*, Ibrahim é professor convidado da Escola de Economia de São Paulo. A maior referência em Economia Exponencial do país. Ele mostra como a utilização massiva de tecnologias exponenciais está transformando a economia, as carreiras e os negócios mundialmente.

De forma única, ele usa analogias com suas experiências vivenciadas no festival Burning Man, onde presenciou o funcionamento de uma economia desmonetizada e abundante, para levar sua mensagem de maneira acessível a todos os públicos. Ibrahim demonstra a executivos, empreendedores e profissionais os movimentos disruptivos silenciosos que estão redesenhando a sociedade e reconstruindo a economia como conhecemos.

Conteúdo extra

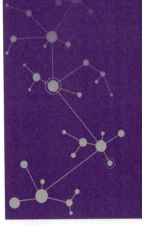

in EDUARDO IBRAHIM
EDUIBRAHIM
WWW.EXONOMICS.COM.BR
SU.ORG/ABOUT/FACULTY/EDUARDO-IBRAHIM

DEPOIMENTOS

"Eduardo Ibrahim repensou o posicionamento da tecnologia e transformou a minha forma de pensar a economia."

Lina Salles, **Chief Innovation Officer** – BNB

"Sua reflexão é bastante certeira, pois você é capaz de multiplicar esse conhecimento e as possibilidades do "fazer" ao ensinar. Pessoalmente saio bastante provocado com seu conteúdo e instigado a colocar em prática imediatamente."

Luiz Antonio Valentim, **Financial Services, Cloud Computing** – Dell

"Ibrahim nos faz perceber que talvez novos critérios precisam integrar o repertório corporativo para lidar com os fenômenos do avanço exponencial da tecnologia e da desmonetização."

Jayme Alexandre, **Director of Strategy and Innovation** – MSD Animal Health

AGRADECIMENTOS

Agradeço especialmente à Poliana Abreu, Diretora de Conteúdo da SingularityU Brazil, por ter acreditado neste trabalho desde o início. E por me incentivar a encontrar o meu melhor nele. Também agradeço aos meus amigos: Leo da Amazon, pelo seu ceticismo científico, Waghabi da Petrobras, por suas validações matemáticas, Cristiano da Dell, pela sua visão global e raízes locais, Pablo da Apple, por me apresentar ao *Burning Man*, e Marcos, pelas aulas de Filosofia e Espiritualidade durante as sessões de surfe nos finais de tarde.

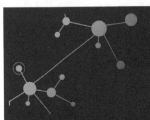
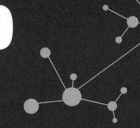

SUMÁRIO

INTRODUÇÃO — **4**
O experimento da abundância — 5
A revolução da inteligência — 11

PARTE 1
AVANÇO EXPONENCIAL ALÉM DA TECNOLOGIA — **14**
Avanço Exponencial da Tecnologia na Economia — 15
Surgimento da Economia Exponencial — 17
Da digitalização à democratização — 23
Réplicas digitais na Economia — 35
Economia de base tecnológica — 38
Fronteiras da Inteligência Artificial e Humana — 43
Evolução da Inteligência Econômica — 48
Hiperconectividade e Hiperautomatização — 52

PARTE 2
A ECONOMIA PODE SER EXPONENCIAL? — **62**
A formação do pensamento econômico — 63
A fórmula do pensamento econômico exponencial — 68
Resistências inconscientes ao avanço exponencial — 74
Relação das moedas com a produtividade — 79
Tecnologia quebrando barreiras — 84
Finanças descentralizadas, Criptoativos, Moedas digitais soberanas — 86
Simulação de ambientes econômicos digitais — 90
Desafios da Geração de Transição — 93

PARTE 3

ARQUITETURA DE ABUNDÂNCIA ECONÔMICA · 102

Como falar de abundância em um país de escassez? · 103
Ciência, Tecnologia, Educação, Jogos e Caos · 107
A Matemática da Colaboratividade · 114
Incentivos à colaboração na Economia Digitalizada · 120
Humanização da Economia, Modelos centrados em Agentes · 125
Máquinas comportamentais, menos desperdício e reequilíbrio de preços · 128
A complexidade de Sistemas da Economia · 132
Updates da sociedade através da Economia · 134

PARTE 4

E.E. NA PRÁTICA. NEGÓCIOS E CARREIRAS · 140

A Economia da Criatividade Exponencial · 141
Computação na nuvem, tecnologia democratizada · 146
Aprenda *Machine Learning* de dia e Economia à noite · 150
Adaptabilidade radical, um mundo novo a cada momento · 154
Liderança em um mundo repleto de máquinas · 158
Educação tecnológica, Influência e Cultura · 162
Inovação exponencial, Disrupção acelerada · 165
Convergências e combinações tecnológicas, infinitas oportunidades · 169
Novos modelos de Monetização, Emprego e Renda · 172
Algoritmos de negócios, muito além da Transformação Digital · 176

PARTE FINAL

O FUTURO ESTAVA SENDO IMAGINADO · 180

O Futuro estava (e está) sendo imaginado · 181
Disrupção do Capitalismo, Inovação eDestruição Criativa · 186
Capitalismo das pessoas, uma ajuda das máquinas · 188
Economia sem empregos e Custo Marginal Zero · 191
Até onde a IA pode realmente nos levar? Ficção, Utopia e Realidade · 193
Meditando com inteligência artificial · 196
Confrontando vieses humanos · 202
Aspirações humanas avançam com a Tecnologia · 205
Recado final · 212

APRESENTAÇÃO

E stamos vivendo a maior transformação financeira e econômica da história. A tecnologia está em todo lugar. E parece mover tudo rápido demais. Porém, também é preciso dizer que estamos vivendo somente um risco na superfície de como será o futuro. Nosso futuro, que parece não parar de acelerar, se tornou exponencial. A velocidade nos deixa confusos e ansiosos, mas são as disrupções que realmente transformarão as empresas, a economia e a sociedade. Afinal, qual o sentido de ir mais rápido na mesma direção?

A tecnologia e a economia estão se fundindo em uma única disciplina altamente interdependente e conectada mundialmente, sendo desmonetizada e abundante.

Desmonetizada porque não depende mais da emissão de moedas dos governos. E porque os modelos de monetização da Era Industrial estão sendo quebrados pela tecnologia. Abundante porque a digitalização provoca ganhos de escala e queda contínua do custo marginal. Com o custo marginal zero, um recurso se torna democratizado. Vide os serviços de educação, saúde e entretenimento já disponíveis de graça no celular.

No fundo, o que toda empresa faz na Era Tecnológica é criar recursos. E mais cedo ou mais tarde, serão democratizados e estarão abundantes na economia. Mas, a maioria ainda não sabe disso. Democratizar é um mantra silencioso cantado nas empresas perenes da Era Digital. O propósito está acima de qualquer produto criado, pois as torna *future-proof*. A tecnologia reconstrói a economia, fazendo a famosa destruição criativa acontecer na prática. Resta saber se quem vai democratizar, destruir e reconstruir o modelo atual é você, um concorrente, um chinês ou um garoto na garagem.

Todos os desafios que enfrentamos como sociedade têm uma explicação econômica. E agora temos a oportunidade de enfrentá-los usando a tecnologia. Se estamos vivendo uma economia de base tecnológica, a educação e o pensamento também precisam ser de base tecnológica. Não apenas para ensinar o uso de novas ferramentas, porque elas também continuarão mudando, mas para mudar a própria forma de pensar. Seja um novo modelo ou uma nova equação da relação entre economia e tecnologia. Tópicos que veremos neste livro.

Quero transmitir esse conhecimento a você de forma simples, didática e aplicável, falando sobre a minha experiência como membro da maior instituição de inovação do mundo, a Singularity University. E também sobre a minha viagem para o festival de contracultura chamado *Burning Man*. Se você não está habituado com a palavra contracultura, pense nela como uma oportunidade radical para repensar padrões ao acompanhar as mudanças exponenciais que estão acontecendo no mundo.

Vamos ver porque os maiores líderes do Vale do Silício costumam ir para o *Burning Man* buscar inspirações para transformarem o mundo através da tecnologia. A educação começa com conhecimento, se expande para o pensamento e se transforma em cultura. A cultura se encarrega de mover o coletivo. Pode ser de uma família, uma comunidade, uma empresa ou de um país. Se você busca uma nova forma de pensar, ou seja, uma contracultura, para poder entender e se adaptar com a sequência de disrupções causadas pela revolução tecnológica que estamos vivendo...

Seja bem-vindo(a) a Economia Exponencial!

INTRODUÇÃO

O experimento da abundância

Imagine uma cidade criada no meio do deserto, onde todas as pessoas são capazes de expressarem quem são na sua integralidade. E serem autossuficientes.

Todos que vivem lá oferecem livremente seu tempo, trabalho e energia para fortalecerem a comunidade. Uns cuidam dos outros. E juntos, todos cuidam do ambiente ao redor.

Cada um entende que a sua ação transforma a dos demais. Assim, todos são capazes de colaborarem para modificarem a própria sociedade que constroem. Cada pessoa que vive nessa cidade é encorajada a criar seus próprios recursos, bem como a desenvolver sua autoconfiança.

Não existe dinheiro, porque não é necessário. E as transações são feitas através da confiança entre essas pessoas.

> *É uma economia desmonetizada, com recursos abundantes.*

Parece um sonho? Mas, essa cidade existe. E embora seja de forma temporária, ela é intensa o suficiente para me levar a imaginar como seria viver em um mundo assim.

Uma sociedade na qual a energia criativa das pessoas pudesse fluir livremente em direção à colaboração, participação, preservação e inclusão. Ao invés de lutarem para suprir as necessidades básicas. Enfim, a direção do que nos torna seres humanos.

Todos os anos esse experimento econômico-social acontece por alguns dias no meio do deserto de Nevada, nos Estados Unidos. O *Burning Man* é um festival que acontece na *Black Rock*, uma cidade efêmera que reúne setenta mil pessoas durante uma semana.

A princípio o *Burning Man,* maior evento de contracultura do mundo, era realizado na própria cidade de São Francisco, onde vivem pessoas notórias no meio da tecnologia.

Naturalmente personalidades desse universo se tornaram ícones do festival próximo ao Vale do Silício, sede das empresas líderes em criatividade e inovação.

Larry Page, Elon Musk e Mark Zuckerberg costumam participar pública ou anonimamente, rendendo boas histórias. Além de algumas lendas que circulam entre empreendedores do setor e apaixonados por tecnologia.

Uma delas conta que os fundadores do Google, Larry Page e Sergey Brin, recorreram ao festival quando precisaram decidir quem os substituiria no comando da empresa.

Page deixou clara a sua visão de que o festival tem a função de inspirar líderes do setor de tecnologia que estão transformando o mundo. Principalmente quando declarou: "Gosto de ir ao *Burning Man* porque devemos experimentar coisas novas para descobrir os efeitos na sociedade".

E ao examinarem uma lista dos 50 nomes de CEOs de empresas do vale, eles notaram que um deles já havia estado no *Burning Man.* Logo, resolveram convidá-lo a voltar ao festival.

Queriam descobrir se ele seria capaz de abandonar o ego construído em anos de carreira corporativa para se fundir à nova equipe, abraçando o espírito colaborativo e inovador. Algo comum no ambiente de *startups.*

Foi assim que Eric Schmidt, ex-executivo da Sun Microsystems e da Novell Networks, se tornou um dos CEOs mais importantes de tecnologia da era moderna.

Eu estive no *Burning Man* no ano em que o tema era Inteligência Artificial, inspirado no livro *I, Robot* de Isaac Asimov. Foi o resultado de um bom planejamento, mas também de sorte.

Os tickets são muito disputados. E a logística para chegar ao deserto não é simples, apesar de estar no Vale do Silício. Assim, ao saber da programação daquele ano, eu não tinha certeza se conseguiria ir até lá. Mas, como dizem os participantes mais antigos do festival: "Se você tiver que chegar, a Playa proverá".

Playa é o nome dado à área central do festival. Funciona como uma imensa galeria a céu aberto, onde são montadas as artes e onde acontecem as experiências.

Tudo ali foi programado para simular um mundo formado pela interação cotidiana entre máquinas inteligentes e seres humanos.

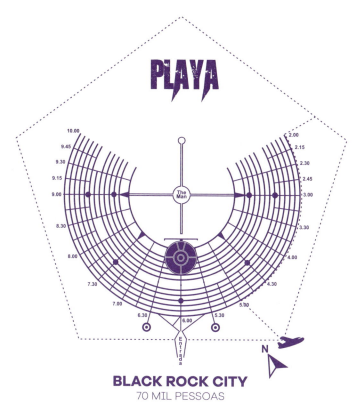

Todos os momentos que passei na Playa foram inesquecíveis. Mas, a experiência mais marcante foi assistir o lançamento de seiscentos drones iluminando o céu do deserto. Eles "dançavam" no ar acompanhando o som suave de um piano ao vivo.

Foi um espetáculo profundamente tocante e humano, orquestrado pela inteligência artificial que permitia os drones voarem sem se colidirem. Um *ballet* harmônico que não seria possível sem o uso da máquina.

Imagine seiscentos pilotos de drones administrando simultaneamente variáveis complexas, como vento, iluminação, música. Seria um espetáculo inviável. Ou, no mínimo desastroso, com drones se chocando e caindo ao chão.

A emoção do momento provocou uma reflexão que nasceu no deserto e extrapolou para este livro. Pois, me levou a pensar na realidade da economia, construída e administrada por "pilotos" que se colidem constantemente por não terem a capacidade de enxergarem as variáveis complexas. Como faz aquelas máquinas inteligentes.

Portanto, a organização econômica, com todo o nosso modo de vida humano, é altamente impactada pelo desencontro de pilotos que não sabem usar a inteligência de máquina para voar.

Seiscentos pilotos humanos de drone não seriam capazes de realizar aquele *ballet* harmônico sem ajuda da máquina.

Então, por que a gente insiste em achar que seiscentos reguladores ou economistas vão conseguir organizar a economia sem ajuda das máquinas?

A experiência nos céus de Nevada apresenta uma série de semelhanças com a transição econômica atual. Marcada pelo avanço exponencial da tecnologia e pelo uso de máquinas inteligentes na vida cotidiana.

Vivemos em meio a tantos acontecimentos que ainda não sabemos dizer se essas máquinas podem melhorar nossa vida no planeta ou se são uma ameaça a ela.

> *Os movimentos de hiperconectividade e hiperautomatização estão saindo das fábricas e ameaçando não só os antigos trabalhos manuais, mas todos os trabalhos intelectuais que formam e organizam a economia.*

A continuidade de muitos negócios e carreiras está sob o risco de desaparecer. Todo o modelo de incentivos e distribuição de riquezas construído na atualidade está sendo alterado. É um cenário de grandes desafios e rupturas, mas também de oportunidades para enxergarmos problemas antigos com novos olhares.

O *Burning Man* foi uma maneira lúdica de vislumbrar um futuro econômico com abundância de recursos. E que gere igualdade de oportunidades na sociedade. Não há dúvidas de que dividiremos o mundo com robôs, físicos ou digitais. Porém, por mais paradoxal que isso possa parecer, os robôs darão mais espaço para que nós, seres humanos, possamos nos tornar cada vez mais humanos.

Essa é a tese central deste livro: o surgimento de uma revolução silenciosa que irá reconstruir a economia como a conhecemos. Podemos chamá-la de Economia Exponencial.

A palavra "exponencial" se tornou popular a ponto de aparecer em todos os lugares, mas essa popularização se deu após a criação da Singularity University (SU).

A SU é uma instituição que teve início no Centro de Pesquisas da NASA. E se tornou a maior referência em inovação do mundo.

Tive a sorte de estudar lá para me tornar um dos seus especialistas globais anos depois.

É possível que a minha curiosidade nos estudos tenham me colocado nesse caminho. Junto da capacidade de entender e transmitir de forma simplificada temas complexos (tecnologia e economia).

Já no primeiro encontro como especialista da instituição, afirmei: "A Inteligência Artificial é uma evolução da própria inteligência humana".

Na época, essa afirmação espontânea foi replicada por algumas revistas importantes de negócios. E uma das funções deste livro é aprofundar os conceitos por trás dela.

Vamos entender como essa nova camada de inteligência impulsionará a Economia Exponencial, impactará o mundo e criará consequências reais para as nossas vidas.

Somos a geração de adultos que estão no meio do "olho do furacão". Vivendo todas as benesses e angústias desse movimento de transformações exponenciais.

É a nossa geração que deve assumir e direcionar de que forma a transição vai acontecer. Não sem dor, mas, como toda evolução, sem volta.

A revolução da inteligência

Disrupções silenciosas estão acontecendo em todas as camadas da economia. Digo silenciosas porque elas não aparecem estampadas nas manchetes, anunciadas como sendo as próximas *startups* unicórnios. Mas, estão mudando a forma pela qual organizamos a sociedade e a maneira como nos percebemos enquanto seres humanos.

> *Os dados captados nas interações humanas digitais estão preenchendo as lacunas de informação que eram tidas como impossíveis de serem conhecidas nos modelos econômicos criados na Era Industrial. O que muda radicalmente na forma de modelar a economia, o trabalho, os negócios e a sociedade.*

A relevância do experimento social realizado no *Burning Man* ganhou ainda mais projeção entre os economistas depois da visita de Paul Romer, ex-economista-chefe do Banco Mundial e ganhador do prêmio Nobel de 2018.

Defensor de economias livres e cidades inteligentes, Romer viu na arquitetura do festival um exemplo de urbanização para ser replicado em cidades que queiram se preparar para o futuro. Para ele, "uma economia global baseada em ideias não precisa ser mais de soma-zero". Assim, um não precisa perder para o outro poder ganhar.

Todos podemos usar ideias ao mesmo tempo. "Alguém que vive na América se beneficia se alguém na Índia inventar uma vacina", por exemplo. É nas cidades onde estão os centros de negócios com o grande poder na geração de riquezas para a sociedade.

Os negócios do futuro são de base tecnológica. Não só por fatores como diferenciação e crescimento, mas também por questões de sobrevivência.

Nenhuma empresa poderá ser perene se não passar pelo processo de transformação digital. Isto envolve não somente a criação de sistemas mais eficientes. Mas, principalmente, em uma nova mentalidade para enxergar a tecnologia como parte moldadora da relação econômica com consumidores, colaboradores, fornecedores, comunidades e o mercado no geral.

Estamos caminhando para o ponto de inflexão da curva de avanço exponencial tecnológico. Onde vamos precisar compreender, quebrar barreiras e construir uma nova arquitetura para a economia dentro dos países e das organizações. Será o caminho pelo qual vamos poder atravessar a ponte de transição entre o modelo industrial e o modelo tecnológico de sociedade.

A boa notícia é que nunca tivemos tantas oportunidades para fazer isso acontecer como temos agora, com a revolução tecnológica. Grandes empresas de tecnologia têm arsenais de soluções que precisam de condições sociais, econômicas e políticas para serem lançadas.

O Fórum Econômico Mundial criou a iniciativa chamada de "O Grande Reinício" (*The Great Reset*). Além de reservar algumas de suas principais cadeiras para que cientistas e especialistas em tecnologia possam mostrar soluções que ajudem a reconstruir o sistema financeiro e econômico mundial. E dessa forma, ajudar a atravessar o complexo momento de transição atual.

Não se trata apenas da quarta revolução industrial, como é habitualmente referido nos treinamentos sobre inovação e transformação digital. Mas, da alteração do próprio modelo de pensamento econômico de base industrial para um modelo de base tecnológica.

Aplicar tecnologias para aumentar a eficiência e a produtividade sempre foi uma estratégia comum ao modelo de pensamento econômico da Era Industrial. A grande diferença para agora é o fato de que a tecnologia avança a passos exponenciais, onde nosso pensamento ainda não alcança.

> *Essa não é só uma revolução tecnológica,*
> *mas das raízes dos nossos modelos de pensamento*
> *econômicos e sociais.*

Estamos encontrando novas formas de combinar a inteligência de máquina à inteligência humana. Bem como quebrar antigos paradigmas econômicos estabelecidos em pressupostos da Era Industrial, que não serão mais válidos.

É preciso perceber que isto é algo bem maior do que uma simples adequação ao uso massivo de tecnologia, para enxergarmos a magnitude desse movimento de transição.

Estamos presenciando um movimento que levará a revolução da inteligência econômica existente no planeta.

PARTE 1

AVANÇO EXPONENCIAL ALÉM DA TECNOLOGIA

Avanço Exponencial da Tecnologia na Economia

P aíses e empresas estão vivendo um conflito entre dois modelos econômicos. Um deles criado na Era Industrial. E um novo, que surge progressivamente com o avanço exponencial da tecnologia. Assim, os profissionais e as empresas tentam entender como essas mudanças podem alterar ou mesmo extinguir suas carreiras e negócios aos poucos.

Muito se fala sobre o avanço acelerado da tecnologia e seu impacto na economia e no trabalho. Mas, pouco é mostrado sobre como podemos efetivamente criar um novo modelo de pensamento econômico capaz de desenvolver empresas calcadas em uma economia mais humana e abundante.

Essa lacuna é reflexo de um momento de transição, marcado por incertezas, resistências e obstáculos – como naturalmente são os processos de mudanças significativas.

A transição econômica de base tecnológica, ora em curso, faz com que líderes e profissionais lancem um novo olhar sobre carreiras, empresas, e todo o futuro da economia.

Neste livro, vamos compreender como acontecem as disrupções dos modelos econômicos, enfrentando resistências até chegarem ao seu ponto alto de democratização.

Vamos analisar gráficos que irão nos mostrar uma nova visão sobre a relação da produção econômica com a curva de crescimento tecnológico exponencial.

Desenvolveremos novos modelos de pensamento com a ajuda da fórmula de crescimento econômico exponencial. Criados especialmente para darem fundamento teórico e didático a este livro.

> *A Hiperconectividade somada a Inteligência Artificial vêm confrontando antigos pressupostos enraizados no pensamento econômico.*

Durante toda a Era Industrial, o comportamento dos principais agentes – humanos – precisou ser ignorado.

Para que o sistema financeiro e econômico atual pudesse existir, carente de informações em um mundo analógico, foi necessário estabelecer conceitos como o da racionalidade de agentes.

Neles, assumem-se que todos os agentes da economia usam completamente a razão para produzir e consumir, sendo influenciados somente pelo receio da falta de dinheiro e pela fome. Ou seja, pelas motivações financeiras e materiais.

Esse conceito ficou conhecido com o nome de *Homo Economicus.* Surgiu praticamente junto com a própria teoria da economia moderna. Ele não considera outras esferas da vida humana.

As motivações individuais de caráter emocional, de onde também surgem os comportamentos, inclusive de consumo e da empatia, não são levadas em consideração.

Em um mundo cada vez mais abundante, no qual menos pessoas estão na zona de necessidades, e com tecnologia suficiente para realizar análises comportamentais em tempo real, esse conceito ainda será válido?

Assumir tal pressuposto fez com que nós humanos fôssemos representados nos modelos econômicos industriais como agregados de oferta e demanda. Seja de consumo ou de trabalho.

16 • ECONOMIA EXPONENCIAL

> *Com o avanço exponencial da tecnologia, temos a oportunidade de inverter a análise, colocando variáveis humanas no centro da economia.*

Nós somos o elo perdido. Aqueles que ficaram de fora dos modelos desenvolvidos por países e empresas durante toda a Era Industrial. Desta forma, líderes que entendam e adaptem suas organizações a essa realidade serão os possíveis direcionadores da economia mundial.

Então, vamos analisar o que o futuro pode nos reservar no casamento da economia com a tecnologia. Para assim, podermos dominar as ferramentas e propor caminhos ao invés de simplesmente segui-los.

Surgimento da Economia Exponencial

Neste exato momento, seres humanos estão ocupados criando máquinas capazes de substituir outros seres humanos em diversas funções da economia.

Você pisca seus olhos enquanto é lançado mais um aplicativo com algoritmo de inteligência artificial que será usado por milhares de pessoas. Logo, elas o usarão como se nunca tivessem vivido sem ele.

Cientistas trabalham incessantemente para acompanharem o ritmo acelerado do crescimento tecnológico. E entregar soluções até então inimagináveis.

> *Modelos de negócios colaborativos e participativos crescem exponencialmente com a ajuda da tecnologia, impactando profundamente os modelos atuais.*

Então, chegamos ao ponto no qual é preciso observar e entender o significado de todo esse movimento. Para onde está nos levando e o que a humanidade pode alcançar com isso.

Portanto, Economia Exponencial – *Exonomics* – é a disciplina criada na Singularity University para o estudo dos impactos no avanço acelerado da tecnologia nos atuais modelos econômicos de países e organizações.

> *A ação da Inteligência Artificial adiciona em especial uma camada de inteligência que nenhum economista pôde prever quando os atuais modelos econômicos foram criados.*

O termo "modelos econômicos" pode assustar inicialmente. Mas, não se preocupe! Um dos objetivos deste livro é mostrar como a mente humana usa modelos para criar abstrações simplificadas da realidade. E do porque não há nada de errado ou complicado nisso.

Um modelo é o artifício através do qual moldamos nosso pensamento econômico. Dele derivamos tudo o que construímos até o presente. Porém, com o avanço exponencial da tecnologia, começamos a perceber que as abstrações escondiam detalhes muito importantes dos sistemas complexos que organizam nossa sociedade e a economia.

Quanto mais aplicarmos tecnologia para resolvermos problemas complexos, mais percebemos que as máquinas podem criar novas soluções. Dos quais os humanos de racionalidade limitada (ou restrições biológicas) não conseguiriam sozinhos.

Ray Kurzweil, cofundador da Singularity University, e diretor de tecnologia da Google, é um ativista das transformações massivas que estão acontecendo na sociedade. Graças ao uso da tecnologia. Assim, ele é um dos responsáveis por tornar a Singularity University a instituição de maior referência em inovação mundial.

No seu livro *A singularidade está próxima*, Kurzweil fundamenta que o avanço exponencial do processamento computacional nos levará a um ponto onde as máquinas terão a capacidade de criarem soluções e se autorreplicarem sozinhas. Deste modo, darão início a Singularidade Tecnológica.

"Na década de 2030 a porção predominante da nossa inteligência (no planeta) não será biológica". — Ray Kurzweil

Os argumentos de Ray são embasados nas convergências de diversas tecnologias com a inteligência artificial e na observação do avanço do poder de processamento computacional, dobrando a cada período de tempo, conforme previsto por Michael Moore, cofundador da Intel.

Então, Ray usou a Lei de Moore para fundamentar a sua Teoria das Mudanças Aceleradas. Na qual demonstra como o avanço exponencial, que tem iniciação com o movimento de digitalização, acontece também em outras áreas.

> *É possível que a Singularidade Tecnológica aconteça em um mundo completamente digitalizado, mas ninguém saberia precisar quando.*

As barreiras físicas que terão de ser quebradas são muitas. Contudo, já podemos observar movimentos de autoincremento da produção na economia, afetando empresas e trabalhadores. O que pode nos levar a uma espécie de Singularidade Econômica antes mesmo da Singularidade Tecnológica.

Sabemos que os países e as empresas têm muitos desafios econômicos a serem resolvidos. E o avanço exponencial da tecnologia tem oferecido novas possibilidades.

A visão empreendedora de Peter Diamandis, cofundador da Singularity, foi fundamental para estruturar a missão da instituição nessa direção. Peter é autor do livro *Abundância*, onde mostra como a sociedade melhorou no último século e como a tecnologia deve gerar uma abundância de recursos no planeta. Algo nunca imaginado antes.

"Os maiores problemas do mundo são também as maiores oportunidades de negócios". — Peter Diamandis

Peter é criador do XPrize, uma competição milionária que conta com um patrocinador diferente a cada ano. A edição de 2020 foi patrocinada por Elon Musk, fundador da Tesla e da SpaceX.

O prêmio americano para inovações disruptivas reservou US$100 milhões em premiações para a criação de uma solução capaz de eliminar permanentemente o dióxido de carbono da atmosfera ou dos oceanos, de forma ambientalmente sustentável.

A Singularity University é uma instituição que nasceu com a finalidade de estudar o impacto de tecnologias exponenciais e antecipar tendências.

Em 2008, Peter Diamandis e Ray Kurzweil, juntaram um time de notáveis para a reunião inaugural da SU, no campus de pesquisas da NASA, no Vale do Silício.

Nesse time estava Salim Ismail, autor de *Organizações Exponenciais*, que se tornou o livro de cabeceira de grandes líderes mundiais.

"Se você não estiver transformando sua indústria, alguém estará. O destino atual é ser transformador ou vítima da transformação".— Salim Ismail

Provocar impacto na sociedade significa abalar as estruturas da economia. E vice-versa. Isto exigia que a Singularity contasse com a presença de um economista que falasse a língua do mercado financeiro.

Foi quando Amin Toufani, fundador do T-Labs, entrou para o time. O responsável que cunhou o termo *Exonomics*. A união das palavras Exponencial e Economia no idioma inglês.

"As tecnologias exponenciais têm efeitos profundos no funcionamento das economias e implicações para indivíduos, empresas e governos". - Amin Toufani

Tive a oportunidade de conhecer essas histórias enquanto participava do treinamento de inovação da Singularity no Centro de Pesquisas da NASA.

Foi então que percebi a necessidade de construir uma ponte entre o conhecimento futurista da instituição e o que me incomodava desde a infância de escassez no Brasil.

Lá, eu estava entre líderes de vários países desenvolvidos, falando sobre como usar a tecnologia para criar abundância e impactos positivos no mundo.

Mas, no meu íntimo, perguntava: "Ok, o futuro exponencial parece lindo, mas como falar de abundância em países com tantas urgências como o Brasil?".

Esse questionamento forneceu o impulso para que eu me tornasse um *expert* da Singularity University. Eu tinha uma boa bagagem de estudos com anos de experiência nas áreas de tecnologia e finanças.

A decisão de me aprofundar na análise dos impactos da tecnologia na economia foi uma forma de usar meus conhecimentos para focar na busca de novos caminhos. Até então poucos estudados de forma integrada entre as disciplinas.

Esses novos caminhos me permitiram chegar até o Modelo de Crescimento Econômico Exponencial, que veremos na segunda parte do livro.

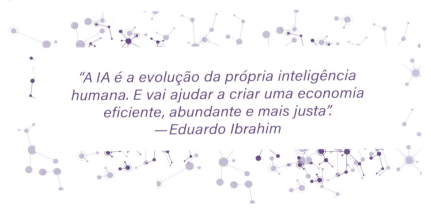

"A IA é a evolução da própria inteligência humana. E vai ajudar a criar uma economia eficiente, abundante e mais justa".
—Eduardo Ibrahim

O estudo da economia apresenta várias armadilhas, normalmente de cunho ideológico, que acabam limitando a possibilidade de enxergá-la como uma ciência em si.

Por vezes, embora os modelos econômicos sigam rigores matemáticos extremos, eles carecem de capacidade experimental e sistêmica que considerem o avanço exponencial da tecnologia.

No mundo digitalizado para o qual caminhamos, todos os agentes terão uma espécie de réplica (ou gêmeo) digital. Sejam pessoas ou instituições. E a experimentação se tornará tão facilitada que os sistemas de inteligência artificial poderão criar novos modelos econômicos em tempo real.

> *Nenhum economista poderia prever algo assim quando o pensamento econômico atual foi concebido.*

Da digitalização à democratização

A revolução tecnológica atual se iniciou com o surgimento da internet, na década de 1990. E continua seguindo seu curso. No primeiro momento, chamamos de Era da Informação, devido à percepção de que a informação passava a ser gerada com muita rapidez, chegando em todos os cantos do planeta. Enquanto isso, se formava um novo desenho sociocultural, conectado por uma rede.

Depois, passamos a entender que vivíamos na Era Digital. Porque a digitalização foi o fenômeno que impulsionou o crescimento de novos negócios e empresas. Então, percebemos que a velocidade de crescimento tinha relação direta com o avanço exponencial da tecnologia. Logo, adotar a nomenclatura "negócios exponenciais" foi uma consequência natural, popularizada após o surgimento da Singularity University.

Existe um longo caminho a ser percorrido até a democratização de uma nova tecnologia ou recurso gerado por um negócio exponencial. Isto é quando o produto do trabalho se torna acessível a todos. Ou seja, se torna abundante na economia.

Pense no exemplo do buscador do Google. Ele é um recurso de indexação de toda informação digitalizada no planeta que chega de graça onde você estiver.

Contudo, um recurso, um produto ou uma tecnologia precisa passar por algumas etapas antes de atingir o crescimento exponencial para ser democratizado. Começa pela digitalização, passando pelo enfrentamento das resistências de mercados tradicionais. E posteriormente supera a decepção de um possível período de pouca adoção e rentabilidade.

É preciso entender esse processo para identificar resistências que impedem os ótimos negócios de poderem causar disrupções de mercados. E assim, gerarem abundância de recursos no planeta.

Vamos analisar cada uma delas. Mas, é importante saber que apesar da dificuldade em mostrar resultados financeiros de curto prazo, os novos modelos de negócios digitais são escaláveis. Ou seja, têm custo marginal próximo a zero, chegam a todos os consumidores e crescem em velocidade exponencial.

O negócio deve demonstrar claramente qual é o seu valor econômico no período em que os resultados financeiros não são aparentes. Foi o que fez a Amazon durante seus primeiros quinze anos de existência com pouco lucro. Claro, antes de se tornar uma máquina de gerar receitas financeiras.

Por mais que o termo "modelo de negócio disruptivo" seja sedutor aos nossos ouvidos, é importante ressaltar que o processo de ruptura de um mercado é extremamente doloroso, incerto e arriscado. Principalmente pela invisibilidade das barreiras impostas pelos modelos econômicos vigentes.

> *Quando um negócio digital atinge sua potência exponencial, vira caso de sucesso e exemplo de disrupção de mercados.*

Para explicar o ciclo de crescimento exponencial, que começou com o movimento de digitalização decorrente da revolução tecnológica, a Singularity University desenvolveu um *framework* chamado "6Ds".

Vale ressaltar que não é o intuito entrar em detalhes específicos de cada etapa do *framework* em si, mas, conhecer as etapas do crescimento exponencial para o nosso contexto. O que irá facilitar no entendimento de como a economia está se tornando uma única disciplina de base tecnológica.

Digitalização: Toda tecnologia exponencial começa por essa etapa, na qual um recurso deixa de ser meramente analógico ou físico para passar a ser digital. Segundo as previsões de Kurzweil, o mundo será totalmente digitalizado ainda no final deste século.

Cada um de nós poderá ter uma réplica digital. Assim como cada coisa no planeta.

Parece ficção científica imaginar que teremos edifícios e toda arquitetura de uma cidade totalmente digitalizados. Construídos com nanossensores capazes de nos enviar informações sobre o estado de suas estruturas.

Imagine ainda que poderemos receber informações sobre o estado do solo de todo o território mundial. Também monitorado por supersensores microscópicos, que ajudarão a nos proteger de terremotos e deslizamentos.

Nanossensores semelhantes estarão presentes em nosso organismo, monitorando qualquer alteração biológica para realizar exames e diagnósticos em tempo real.

O movimento de digitalização do mundo vem acontecendo há décadas. E está ganhando mais espaço em nossas vidas, de forma aparentemente natural, sem que a gente se dê conta. Processos comuns e rotineiros que realizamos hoje eram inimagináveis há alguns poucos anos.

Antes era preciso enfrentar longas filas para abrir uma conta no banco ou mesmo pagar um simples boleto. Já na modernidade é raro precisar ir ao banco para realizar qualquer transação. Praticamente todo o sistema bancário já é digitalizado.

Para solicitar um táxi, você precisava ligar para uma central e falar com um atendente humano, soletrando cuidadosamente o seu endereço. Agora, com poucos cliques no *smartphone* você tem um motorista à sua disposição chegando em poucos minutos. E a um custo acessível para grande parte da população.

Era preciso um catálogo impresso para encontrar uma empresa prestadora de serviços. No presente, o Google informa onde a companhia fica, qual a avaliação dos clientes, os horários de funcionamento e até os picos de movimentação de pessoas dentro dela. As estratégias digitais se tornaram parte central desses mercados.

*Sutilmente o planeta vai ganhando
uma versão digital, deixando para trás suas
versões analógicas.*

A empresa NVIDIA, uma das maiores fabricantes de equipamentos de inteligência artificial do mundo, criou um ambiente virtual chamado Omniverse, onde poderão ser criadas réplicas digitais de pessoas e cidades.

Será possível simular o comportamento de agentes econômicos, bem como o funcionamento de economias inteiras para avaliar cientificamente o que funciona ou não. Seja no Brasil ou na Finlândia.

> *Mais do que uma etapa do processo de inovação tecnológica, a digitalização muda nosso modelo de percepção da realidade.*

Perceber informações que não podiam ser capturadas em um mundo cheio de restrições físicas e biológicas exige uma nova estrutura mental (*mindset*). Para assim, evitar as armadilhas de modelos e vieses mentais enraizados na nossa educação.

A inteligência ganha novos contornos, pois vivemos cada vez mais rodeados de dispositivos *smart* tudo, que nos liberam de trabalhos repetitivos. Estes mesmos podem ser criativos e capazes de fazer avaliações intelectuais.

Digitalizar passou a ser uma prioridade para as empresas. Então vale uma reflexão: quanto tempo uma carreira ou um mercado pode existir sem ser digitalizado?

Decepção: Quase toda iniciativa humana tem por finalidade solucionar problemas ou atender necessidades. No mundo contemporâneo isto significa gerar lucro.

> *Quando uma iniciativa não gera uma contrapartida financeira esperada para o período, ela entra no modo de decepção e acaba sendo descartada.*

O caso clássico da máquina fotográfica digital, criada por engenheiros da Kodak. Ela foi abandonada por gerentes de estratégia que não viam um futuro para a tecnologia. E entrou para a história como um dos maiores *cases* mundiais de falta de visão e desperdício de oportunidade.

No Brasil, Luiza Helena Trajano, cofundadora e presidente do conselho de administração da rede de lojas Magazine Luiza, disse em uma entrevista: "O crescimento de um negócio é lento, exige propósito, persistência e paciência".

Ela criou sua primeira loja eletrônica em 1991. E somente em 2000, Frederico Trajano, seu filho e CEO da empresa, conseguiu iniciar o processo de investimento vislumbrado por ela anos antes. Assim, entraram no mercado digital integrando suas lojas físicas e on-line.

Luiza conta que foi um processo doloroso, pois os investidores não acreditavam na eficiência desta integração. No entanto, a sua insistência em manter os canais operando em conjunto fez com que o valor da empresa caísse drasticamente. Suas ações, que em 2011 valiam 4 bilhões, passaram a valer 400 milhões entre 2014 e 2015.

Mas, com a vantagem da logística física, e a visão digital criada na companhia, suas ações chegaram ao patamar dos 100 bilhões em 2020.

Durante a pandemia, o portal Magalu (nome do *e-commerce* da empresa) abriu espaço para que milhares de pequenos empreendedores pudessem vender seus produtos através das tecnologias e logísticas existentes na empresa.

Essa iniciativa não só ajudou milhares de trabalhadores a passarem pela crise econômica, como também tornou o negócio da família uma plataforma de vendas ainda mais escalável.

> *As Tecnologias Exponenciais facilitam a comunicação, a eficiência e a capacitação. Portanto, mudam a cultura de mercados inteiros.*

Ser digitalizado é o primeiro passo, mas o destino das organizações depende da obstinação de seus líderes em manter sua visão. Mesmo durante a fase de decepção.

Disrupção: Fase onde a tecnologia implantada desafia os modelos de negócios existentes. Por esse motivo, é o momento em que a empresa enfrenta grandes resistências culturais, políticas e organizacionais.

Quando a Uber inseriu seu modelo de negócio colaborativo no Brasil, grande parte da população aderiu ao aplicativo. Porém, muitas manifestações de taxistas e sindicatos fizeram com que algumas prefeituras impedissem sua entrada nas cidades.

Depois de tantos atritos, conflitos e resistências, o modelo de negócio dos taxistas mudou, acompanhando o avanço tecnológico criado pela Uber. Neste caso, ela adotou seus próprios aplicativos e serviços personalizados.

Logo, foi necessário aumentar a qualidade e diminuir os preços para atender as novas necessidades dos consumidores. E assim, competir em igualdade com a empresa inovadora.

> *É nessa fase que o mercado descobre um novo modelo econômico com a ajuda da tecnologia. E com o passar do tempo, não se lembra mais de como era feito antes.*

Desmaterialização

Desmaterialização: Talvez você já tenha ouvido falar dos aparelhos GPS. Ou até usado um no seu carro. Ele era grande, caro para adquirir e usar. Era preciso pagar uma mensalidade como garantia de que o serviço e a atualização dos mapas urbanos estivessem em dia.

Hoje, a função GPS está onipresente nos celulares de forma gratuita. E já vem embarcada na maioria das centrais multimídias dos veículos novos. Ou seja, um grande, caro e menos eficiente aparelho material se tornou um serviço desmaterializado, gratuito e mais preciso, que pode ser levado para onde você estiver.

Desmonetização

Desmonetização: Possivelmente o "D" mais famoso do *framework* da Singularity é o da etapa de Disrupção. Essa palavra tomou conta dos noticiários, entrando no nosso dia a dia.

Porém, estamos aqui para ir mais a fundo do que as notícias. E para entender também como outras disrupções silenciosas estão alterando a forma de fazer economia. Nesse contexto, a desmonetização é a etapa mais importante desse conceito.

> *Uma tecnologia, quando se torna exponencial, tem capacidade de fazer com que um produto ou serviço seja extremamente mais barato. Ou por vezes gratuito.*

Lembre-se do caso do serviço de GPS incorporado nos celulares. Era um serviço pago, gerava emprego, renda, sendo desmonetizado. Portanto, interrompeu a circulação de moeda naquele mercado.

Boa parte dos conflitos e resistências encontrados nos projetos de inovação disruptiva são decorrentes dessa etapa.

Veremos com mais detalhes ao longo do livro tanto a identificação, como a busca dos novos modelos de monetização. E também, a quebra das barreiras de desmonetização para atingirmos o avanço exponencial.

Democratização: A Democratização é o resultado final da revolução tecnológica e a consequência do sucesso de todas as etapas anteriores.

Pense em quantos serviços na área de educação, saúde, entretenimento chegam até você pelo celular sem nenhum custo.

São serviços democratizados, onde seus criadores encontraram novas formas de rentabilidade. Normalmente anunciando ou vendendo produtos secundários.

As empresas com propósito de democratização de produtos primários através da tecnologia criam novos mercados e lucram mais com produtos secundários de maior valor agregado. Mesmo que pareça inviável democratizar todos os produtos e serviços de uma economia – não se esqueça dos mercados de luxo, por exemplo.

Assim, a medicina é um dos segmentos que vem sendo mais beneficiados pelo crescimento exponencial da tecnologia. A desmonetização da leitura do genoma humano facilita a entrada de novas empresas. Isto ajuda a desenvolver novos medicamentos para melhorar nossa biologia e estender nosso tempo de vida.

O custo para sequenciar um genoma inteiro diminuiu de US$3,7 bilhões em 2001 para US$10 milhões em 2006. E para US$5 mil em 2012. Já atualmente custa menos de US$500. Segundo a maior empresa de sequenciamento do mundo, Illumina, em breve o serviço deverá custar cerca de US$100 apenas.

Genomas são bilhões de sequências de pares de letras codificadas com o nosso DNA. No qual determina inúmeros processos no nosso organismo, como nossas características físicas, propensão a doenças, expectativa de vida, e assim por diante.

> *Democratizar a digitalização do genoma é um imenso avanço para a saúde e a vida humana.*

A inteligência artificial contribui para a decodificação dos padrões escondidos no nosso DNA. Como os genes exercem sua função em consonância com as escolhas que formam nosso estilo de vida através de uma interação denominada epigenética, capaz de ligar ou desligar os genes como se fossem interruptores, esse conhecimento é, literalmente, vital.

Por exemplo, podemos entender quais alimentos, medicamentos e exercícios são mais eficazes para cada pessoa. E também tratar previamente doenças antes mesmo delas aparecerem, diminuindo a incidência de dores e infecções.

A democratização da leitura do genoma faz surgir novos tratamentos que aumentam nossa expectativa de vida. Isto cria um paradoxo entre o maior anseio humano – a vida eterna, a fonte da juventude – com o problema de um sistema previdenciário construído para a economia do mundo industrial.

Muitas pessoas com mais de sessenta anos têm vigor e qualidade de vida no presente, atuando de forma ativa na sociedade e na economia. Dado que novos produtos surgem a todo momento para esse segmento.

> *Ao assumir que as tecnologias médicas e biológicas continuarão crescendo exponencialmente, e a expectativa de vida com qualidade se estenderá até os cem anos, como será o planejamento para esses mais quarenta anos de vida?*

Essa reflexão pode ser útil para demonstrar como as tecnologias exponenciais trazem demandas imediatas de mudanças ao pensamento econômico. Não para o futuro, mas para agora.

Basta olhar ao redor. Você vai encontrar inúmeros outros exemplos no seu dia a dia. Repletos de produtos, serviços e recursos que estão sendo democratizados com o uso da tecnologia.

No caso da Uber, a empresa democratizou o acesso ao transporte privado, levando o serviço a milhares de novos consumidores. Mesmo apesar do impacto inicial na classe dos taxistas.

Além disso, ela criou uma nova forma de renda para muitas pessoas expulsas do mercado formal de trabalho. São profissionais qualificados que não conseguiram acompanhar o avanço tecnológico das suas carreiras. Como aposentados que haviam sido levados a seguir o modelo industrial de previdência, mas se viram necessitados de complementar suas rendas. Ou desempregados, entre outros.

O aumento na oferta de motoristas e passageiros fez crescer a necessidade de veículos, junto dos novos modelos de negócios que foram criados. Exemplo o aluguel de automóveis ociosos direto com seus proprietários, dando espaço para o surgimento de novas empresas.

A democratização pode representar uma ameaça a um mercado, mas também abrir portas para inúmeros outros.

Será preciso utilizar novos indicadores para entender seus impactos, perceber as resistências e encontrar oportunidades. De modo a adequar ao ambiente financeiro e econômico altamente digitalizado que estamos construindo.

Réplicas digitais na Economia

O termo réplica digital se limitava a aparecer nos filmes de ficção científica. Agora vem se tornando um termo técnico cada vez mais usual na tradução de elementos do mundo físico para o mundo digital.

As primeiras réplicas digitais foram construídas pela NASA para antecipar eventuais problemas em espaçonaves. O imenso volume de dados gerados nas cidades, com o crescente aumento da capacidade de processamento computacional, vêm impulsionando sua aplicação.

> *Uma réplica digital é a representação de qualquer objeto ou ser em um modelo computacional. Limitado apenas à criatividade humana.*

Novos experimentos e simulações digitais passam a ser possíveis através da construção de entidades desmaterializadas.

Imagine a indústria pecuária com todos os seus processos. Desde a criação e abate dos animais até a distribuição de cortes de carnes até chegar na sua mesa de jantar.

Cada ponto de contato logístico pode ser digitalizado com devido acompanhamento. Além deles, o nascimento do animal, a qualidade do pasto que o alimenta, o ganho de peso na mudança de alimentação, o tempo de sangria, o nível de dor do animal no momento do abate, a quantidade de hormônios presentes na carne, o coeficiente de sabor após o resfriamento. Enfim, todas essas e tantas outras informações podem estar disponíveis nesse único cenário do universo.

Por exemplo, teremos uma réplica digital se reunirmos algumas dessas dimensões de informações em uma entidade digital chamada "Gado". Logo, a fidelidade da sua representação vai depender da quantidade e qualidade dos dados capturados.

Talvez essa réplica digital gere um certo desconforto para os que são contra o consumo de carnes. Mas, as informações contidas nela podem ser a chave para a construção de uma economia inteligente, sustentável e humanizada.

Dados que nunca estiveram presentes na análise dos produtores e consumidores ficarão evidentes. Assim, novas decisões poderão ser tomadas com maior clareza.

Agora imagine uma réplica digital contendo o comportamento humano. Pense em uma réplica simplificada, contendo somente informações históricas da fala. Tipo um marcador de sentimentos, capturados pela entonação das palavras ditas, com o registro das ações on-line tomadas antes e depois de cada sentença lógica.

Se você já recebeu alguma propaganda no celular depois de conversar com alguém em voz alta perto do aparelho, talvez tenha tido a sensação de que a réplica digital já é uma realidade.

Falaremos logo mais sobre critérios e restrições legais que devem ser observados nesse processo. No entanto, por hora, o que nos interessa é perceber que antes esses dados nunca estiveram disponíveis para que economistas pudessem formular suas hipóteses.

Os movimentos de transformação digital surgiram com vários nomes. Como Indústria 4.0, Saúde 4.0, Agropecuária de Precisão, Nova Economia, Economia Digital, entre outros.

Os benefícios da digitalização e automatização de processos são bem claros. Uma vez que toda indústria busca eficiência através da tecnologia.

O que não é tão claro é que esses movimentos escondem oportunidades para a criação de novos modelos econômicos. Consequentemente de negócios, trabalhos e rendas.

Muitas vezes é necessário uma arquitetura tecnológica robusta e integrada para mostrar retorno no curto prazo em projetos que envolvam a criação de réplicas digitais.

Mas, vale lembrar da frase: "Se algo ainda não foi digitalizado, é possível que haja uma grande oportunidade de negócio escondida ali". O movimento de digitalização (ou transformação digital) é a base para o funcionamento da Economia Exponencial. Porém, não se esgota nela.

A transformação digital abre possibilidades para novos modelos de negócios, mudando a mentalidade de gestores e profissionais. Já a Economia Exponencial muda todo o modelo de pensamento econômico pela sua raiz.

Os institutos estabelecidos são afetados diretamente pelo poder de autoincremento das tecnologias exponenciais. Tipo a necessidade crescente de capital e trabalho. Logo, veremos como isso transforma a economia em uma disciplina de base tecnológica.

Economia de base tecnológica

As réplicas digitais fazem a tradução do mundo físico para o digital. Entretanto, o sistema financeiro e econômico mundial já é praticamente todo digitalizado.

As transações são eletrônicas, visto que temos criptoativos movimentando bilhões de dólares diariamente. E possivelmente ainda veremos moedas digitais soberanas sendo implementadas pelos países nesta década.

As barreiras de transição para a Economia Exponencial vêm sendo quebradas de maneira acelerada na medida que a economia se torna uma disciplina de base tecnológica.

Na economia é comum considerar como "agentes econômicos" apenas as instituições e pessoas que interagem diretamente com o sistema financeiro. Isto faz com que as transações provoquem movimentos relevantes por meio de firmas, contratos ou bolsas de valores.

Consequentemente, os consumidores e seus comportamentos são abstrações representadas em modelos pelos famosos agregados econômicos: oferta e demanda.

> *Abstrair um modelo é a solução dada pela mente humana para formular e debater um pensamento ou teoria quando a representação da informação real está indisponível ou é muito complexa.*

Porém, enxergar através de modelos pode ser uma abordagem reducionista, que produz uma visão limitada da realidade.

A complexidade das relações econômicas e a dificuldade em captar dados fragmentados na economia faz com que o nosso modelo de pensamento econômico moderno seja baseado em restrições de informações. Para que abstraíssemos a complexidade do mundo real.

Dessa forma, os modelos econômicos simplificam a realidade para o sistema possa funcionar como um todo, da melhor maneira possível.

As teorias econômicas modernas usam modelos que por natureza não conseguem representar com fidelidade o que acontece nas interações e nas mudanças constantes dos agentes econômicos. Principalmente dos humanos. Sejam moldes macroeconômicas (países) ou microeconômicas (empresas).

A tecnologia é uma ferramenta capaz de provocar uma grande mudança na representação dos humanos dentro da economia.

A formação dos modelos econômicos modernos, também conhecidos como modelos neoclássicos, configurou o pensamento econômico atual. Algo confundido com a nossa própria cultura social.

> *Disrupções não seriam surpreendentes, e nem causariam resistências, se o pensamento econômico conseguisse acompanhar a revolução tecnológica e científica em curso.*

Tomar decisões com a velocidade das mudanças exponenciais não é tarefa fácil para nossas mentes humanas. O pensamento exponencial requer outra forma de enxergar o mundo. Um movimento de sentido não linear – outro assunto que iremos desenvolver logo mais adiante.

Por hora, é importante notar que os modelos econômicos formam nossos modelos de pensamentos econômicos e sociais. E isto gera vieses e ideologias presentes nos nossos discursos políticos, criando barreiras invisíveis ao avanço exponencial da economia.

Uma abordagem não enviesada seria aquela que não segue modelos preestabelecidos. Esta abordagem pode ser denominada *modeless*.

Talvez seja difícil imaginar um "modelo sem modelo". Mas, é exatamente assim que funcionam os sistemas digitais capazes de capturarem e se adaptarem à gigantesca complexidade de comportamento dos agentes econômicos.

Em um sistema econômico adaptativo e complexo, os objetos, a natureza, os animais e humanos, podem ser representados através de réplicas digitais.

> *As estratégias econômicas ganham visibilidade de novos agentes que passam a ter relevância matemática na tomada de decisões.*

A capacidade de representação granular das características e dos comportamentos dos agentes escondidos em agregados econômicos muda radicalmente a forma de pensar a economia de países e empresas.

Quando as informações são agregadas, a decisão é tomada de cima para baixo (*top-down*). Ou seja, das organizações para o mercado.

Já quando a informação é granular, temos a oportunidade de tomar decisões de baixo para cima (*bottom-up*). Portanto, do mercado para as organizações.

Nesse caso, "o mercado" deixa de ser um grande agregado de oferta e demanda. E as características individuais de cada agente passam a ser consideradas. Isso é desde a forma de interação entre eles até a definição dos incentivos mais adequados para que cada um colabore com a própria saúde e a saúde do sistema como um todo.

Assim, torna-se possível construir modelos mais sustentáveis em todos os aspectos econômicos, ambientais e humanos. Nada disso seria possível sem o processo de digitalização e a criação de réplicas digitais.

A base tecnológica construída de maneira acelerada em todos os mercados abre a oportunidade de ter uma economia exponencial eficiente, harmônica e abundante em todos os cantos do planeta.

> *É interessante imaginar que nós,*
> *seres humanos, somos os agentes econômicos que*
> *criam os modelos econômicos, mas não conseguimos*
> *nos representar neles.*

Nos modelos que utilizamos para entender a economia, as necessidades e características individuais humanas são suprimidas em favor dos agregados de oferta e demanda.

Algumas empresas, como a Amazon, têm tirado proveito desse momento de transformação tecnológica para criarem culturas "centradas no consumidor". Assim, ganharão vantagem competitiva.

Discutiremos mais à frente quais são as implicações das empresas em transição para a Economia Exponencial de base tecnológica.

Também é interessante ver como a tecnologia pode não ser uma ameaça a forma de vida humana. Ao contrário do imaginado por muitos. Mas sim, o de representar o resgate da humanização dentro da economia.

Não é tarefa fácil abandonar modelos para se abrir a novos paradigmas. Contudo, o avanço exponencial da tecnologia está provocando transformações na nossa capacidade de adaptação a mudanças aceleradas. Às vezes por vontade, às vezes por necessidade.

Possivelmente, você já se deparou com alguma criança ou adolescente interagindo com a tecnologia de maneira bem mais natural do que os adultos.

A exposição às novas velozes informações altera as relações cognitivas humanas. E portanto, pode expandir nossa capacidade de adaptação e inteligência econômica.

Fronteiras da Inteligência Artificial e Humana

A capacidade de processamento computacional, e de captura massiva de dados, permitem análises que nenhum cérebro humano alcançaria. Contudo, por outro lado, somente nós podemos criar abstrações semânticas com dados de sensores biológicos inerentes à evolução humana.

Ao menos neste momento. Deste modo, é verdade que só precisamos de uma nova tecnologia ou de um pouco mais de hardware para expandir a capacidade da máquina. Enquanto não é possível inserir um pouco mais de massa encefálica no cérebro humano.

No documentário *Explicando a mente*, produzido pela Netflix, a neurocientista Elizabeth Phelps esclarece que nossas memórias não são precisas, pois sofrem grande influência da carga emocional – aquela gerada pelos sensores biológicos e processada de forma abstrata pelo cérebro humano.

Podemos lembrar de fatos em termos gerais, mas não em detalhes: cinquenta por cento da memória muda de um ano para outro, alterando nossa percepção da realidade com o tempo.

Experimente resgatar memórias específicas de um acontecimento com alguém que compartilhou algum evento com você. Verá que cada um relata fatos concretos com lembranças conflitantes. Entretanto, ambos podem ter certeza de suas próprias recordações, absolutamente contraditórias.

Segundo Phelps, por repetidas vezes podemos aumentar a confiança usando uma falsa memória. Ou acessando a confirmação de um fato esquecido. Isso pode explicar a criação de vieses e dos casos de erros judiciais em condenações baseadas apenas em testemunhas oculares.

Órgãos de segurança de diversos países contam com a ajuda do reconhecimento facial. Uma tecnologia que liga e calcula os pontos nodais da biometria da face humana, somando suas características únicas. Como a distância entre os olhos, o comprimento do nariz, a linha da mandíbula e o tamanho do queixo.

Mapeados em códigos binários, esses reconhecimentos compõem um conjunto de dados certamente mais precisos e confiáveis do que os armazenados na memória humana.

Empresas de diversos setores da economia, incluindo os bancos, têm bases de dados com a biometria facial de clientes. A fim de tornarem mais seguras suas transações.

Cientistas trabalham para expandir a inteligência humana através de diversos tipos de interface. E que podem aumentar nossa capacidade cognitiva de maneira direta ou indireta.

Protótipos de *smartphones* em formatos de lentes de contato pretendem transmitir imagens de realidade aumentada direto para a retina.

Vale lembrar que a primeira interface amigável de comunicação entre humanos e computadores foi criada há menos de oitenta anos: o teclado.

Novas interfaces e sensores vestíveis (*wearables*) surgem a todo momento. Isto aumenta nossa capacidade de interação, fazendo com que máquinas e humanos compartilhem o melhor de cada inteligência.

É difícil imaginar a vida moderna sem as tecnologias e facilidades que os *smartphones* trazem. Na atualidade eles são as interfaces menos invasivas de maior sucesso jamais criada.

Apesar de onipresente como uma parte do próprio corpo, é biologicamente não invasiva por não precisar de um chip implantado no cérebro ou de nanorrobôs circulando nos vasos sanguíneos.

Por causa dos *smartphones*, não gastamos mais energia memorizando endereços ou percorrendo rotas desconhecidas. Uma vez que nos indicam os melhores caminhos.

Por exemplo, bastam alguns poucos cliques e uma foto de rosto para abrir uma conta bancária. É o mesmo caminho para abrir uma pequena empresa para realizar negócios. E também compramos, experimentamos e cancelamos serviços sem falar ao telefone.

Conversamos por vídeo com a família de qualquer lugar do mundo. Fazemos consultas com médicos sem sair da cama. Aprendemos, jogamos, assistimos documentários e filmes. Enfim, a lista é muito extensa e não para de aumentar.

O sucesso dos *smartphones* é tão grande que há quem o defenda como a interface de massa definitiva (*ultimate interface*). Tentativas de implantar outras interfaces vestíveis como o Google Glass recuaram após não serem bem aceitas pelos usuários.

Mas, é claro que suas limitações estão sendo trabalhadas. E quem sabe vejamos novas ondas no futuro. O processo de melhoria do produto e da adaptação cultural antes de uma inovação se tornar popular é um caminho comum.

Outras iniciativas mais invasivas como a interface cerebral criada pela Neuralink, empresa fundada por Elon Musk, têm ainda mais barreiras a serem quebradas. Porém, já é possível perceber que a ciência da computação está se unindo à neurociência para replicar o cérebro humano em máquinas.

Vamos encontrar conceituações mais amplas quando tentamos definir o que é Inteligência Artificial. Principalmente as que defendem a visão de que qualquer decisão do tipo "se isso, então aquilo" (*if this, then that:* IFTTT) feita por uma máquina não biológica pode ser considerada uma inteligência artificial.

Como esse é um processo muito básico, realizado desde o surgimento dos primeiros computadores, é comum encontrarmos definições mais restritas que consideram como IA somente as máquinas que têm a capacidade de aprender de forma autônoma ou semiautônoma, realizando o aprendizado de máquina (*Machine Learning*).

Algumas características do *Machine Learning* são importantes para o estudo da Economia Exponencial, mas não vamos entrar em detalhes técnicos.

Por hora, basta sabermos que o aprendizado de máquina é feito através de um conjunto de técnicas estatísticas e associativas, traduzidas em algoritmos computacionais.

Muitas das técnicas são inspiradas na biologia evolutiva. E em vista disso, envolvem simulações de redes neurais, como as presentes no cérebro humano.

Na teoria evolutiva, os organismos aprendem com o meio ambiente a serem capazes de garantir sua sobrevivência e de perpetuar a espécie através da experiência interativa.

A lógica nos processos de aprendizado de máquina é parecida, mas os objetivos finais normalmente são outros.

> *Nossos cérebros são máquinas de fazer associações, que criam padrões e modelos para ajudarem nas tomadas de decisões. Sejam rápidas e instintivas ou lentas e analíticas.*

Da mesma forma, algoritmos estatísticos podem fazer associações para encontrar padrões em dados e criar modelos em tempo real.

Você certamente tem preferências musicais desenvolvidas ao longo dos anos por meio de influências e experiências com amigos, família ou mídia. Enfim, gostos que foram criados em momentos de que talvez não se lembre mais.

Se você já usou serviços como Spotify, Deezer ou YouTube para ouvir músicas, percebeu que eles usam algoritmos para encontrar padrões, descobrir tendências e sugerir novas músicas. Um *feedback loop* que realimenta seus gostos musicais. E que pode acabar modificando suas preferências.

Os algoritmos evolutivos têm a capacidade de melhorar seu próprio desempenho de maneira adaptativa. Porque aprendem a fazer melhores escolhas na medida que a quantidade de informações aumenta e a qualidade das técnicas de aprendizado melhora.

AVANÇO EXPONENCIAL ALÉM DA TECNOLOGIA • 47

As máquinas podem consumir informações de maneira acelerada. Analisar uma quantidade quase infinita de variáveis. E fazer previsões ao tomar decisões racionais impossíveis de serem tomadas nos limites biológicos humanos.

Evolução da Inteligência Econômica

Daniel Kahneman, psicólogo considerado um dos principais pensadores do século, estudou a racionalidade humana na economia. Logo, ficou conhecido como o criador de uma área de estudo chamada "Economia Comportamental".

Ele estabeleceu as bases de pesquisa de erros cognitivos comuns gerados por modelos heurísticos e vieses mentais humanos. Isto durante os processos de tomadas de decisões econômicas.

Suas descobertas foram um grande passo para entender a influência do comportamento humano no desenho e funcionamento da economia.

No seu livro *Pense rápido e devagar*, Kahneman criou uma analogia que aproxima ainda mais os sistemas inteligentes humanos dos artificiais.

Hipoteticamente, ele dividiu o cérebro em dois tipos de sistemas: Sistema 1, de processamento rápido, e Sistema 2, de processamento devagar.

No sistema rápido são executadas as funções de sobrevivência que precisam ser tomadas de forma quase imediata. Por vezes inconscientes e intuitivas, como dirigir por um caminho de nossa rotina.

Já no sistema devagar são executadas as funções analíticas. Aquelas que podem esperar, como comprar uma casa ou fazer uma viagem.

Ele diz que agimos irracionalmente quando usamos o sistema rápido para executar funções que deveriam ser do sistema devagar. O que por sua vez pode levar a respostas erradas.

Os dois sistemas interagem e se transformam o tempo todo através do aprendizado. Da mesma forma, computadores são projetados com memórias rápidas e lentas para execução de funções distintas.

Uma importante diferença entre o aprendizado de máquina e o aprendizado humano é que as máquinas não têm nossas limitações biológicas.

Contudo, elas também não têm o aparato sensorial humano e a nossa facilidade de abstração da realidade. O que pode ser uma vantagem ou desvantagem, a depender do contexto.

Na economia, as máquinas podem aprender, corrigir vieses próprios, identificar vieses humanos e evitar heurísticas abstratas usando dados reais.

Ao estudar alguns dos impactos das limitações biológicas humanas na economia, Kahneman contou com a parceria de Amos Tversky, matemático que o ajudou a fundamentar a chamada Teoria da Perspectiva. O estudo rendeu para a dupla o Prêmio Nobel de Economia em 2002.

O estudo contrariou os paradigmas da teoria neoclássica e os pressupostos da utilidade esperada. Nos quais se assume que os agentes econômicos tomam decisões racionais, com o objetivo constante de aumento da utilidade econômica.

Um conceito que é adotado como padrão na modelagem econômica, mas que não reflete a realidade analisada empiricamente do comportamento humano.

O estudo concluiu que as escolhas são influenciadas pelo sentimento de aversão à perda. Eles conseguiram quantificar que os humanos têm a percepção de terem perdido duas vezes mais uma determinada quantia do que se tivessem ganhado o mesmo valor em situações de perda. Corriqueiramente, essa percepção errada exerce influência na tomada de decisões.

Por exemplo, imagine escolher entre um investimento com a certeza de ganhar $500. Ou outro com probabilidade de 90% de ganhar $600. O comportamento humano comum é escolher a primeira, mas a resposta racional correta é a segunda de acordo com a teoria da utilidade esperada.

Faça a conta. Perceba que ela equivale a uma utilidade de $540 (600*0.9). E você ainda pode pensar que não faria sentido. Ou até mesmo não seria racional arriscar $500 só para tentar ganhar mais $40. Pensar assim é mais uma característica dos limites da nossa racionalidade humana.

Não conseguimos enxergar a possibilidade de jogos subsequentes ou infinitos que envolvem probabilidades. Como é o caso de investimentos nos mercados financeiros.

Talvez você conheça ou até se identifique como um investidor que faz "preço médio" quando as ações estão se desvalorizando. A tendência de pensar em "preço médio" é resultado de uma situação de alívio. Algo situado entre o desconforto e a satisfação.

Essa decisão aumenta a exposição com o risco de tentar evitar o sentimento da perda na tomada de forma inconsciente. Mas, na realidade, inúmeras outras opções poderiam ser mais favoráveis.

A grande contribuição de Kahneman e Tversky foi demonstrar como nossas escolhas econômicas são carregados de modelos heurísticos e vieses cognitivos. E portanto, o nosso pensamento também.

Eles nos ajudaram a entender que as tomadas de decisões econômicas entre agentes humanos, como consumidores, gestores de fundos, reguladores políticos e administradores de empresas, não são baseadas em fatores unicamente lógicos e racionais.

> *A falta (ou assimetria) de informações, e a incapacidade de processar um conjunto muito grande de variáveis, são limites impostos pela complexidade das interações econômicas. E pela própria natureza humana.*

Em um mundo cada vez mais digitalizado e tecnológico, as informações são abundantes. E o raciocínio de máquina é democratizado.

A interação digital de humanos na economia aumenta a capacidade de uso de sistemas para orquestração da complexidade econômica. Seja direta ou indireta. E por meio de interfaces invasivas ou não.

A hiperautomatização e a hiperconectividade fazem com que a compreensão humana da economia ganhe novos contornos. O uso da inteligência artificial cria oportunidades para preencher os *gaps* dos limites da racionalidade humana e artificial.

A utilização conjunta do melhor de cada tecnologia será a chave para a evolução da nossa inteligência econômica. Humana ou artificial.

Hiperconectividade e Hiperautomatização

As pessoas estão conectadas através de computadores, *smartphones*, *tablets*, carros, geladeiras, entre diversos outros dispositivos espalhados por toda parte. Assim, a necessidade de estar conectado aumentou drasticamente com o advento da pandemia causada pela Covid-19, em 2020.

Subitamente, pessoas e empresas se viram obrigadas a encontrar formas de movimentar a economia sem poder sair de casa. Como consequência, processos e negócios foram alterados ou extintos, dando lugar a um cenário preenchido por novas formas de comunicação e de trabalho.

A pandemia intensificou a revolução tecnológica em escala global. E estar conectado se tornou uma necessidade de sobrevivência no mundo moderno.

O avanço da tecnologia se tornou essencial para os contatos com o mundo exterior às casas de quem fez quarentena, proporcionando compras de mantimentos e educação funcionando. Além de permitir o trabalho remoto, aproximar equipes por teleconferência e diminuir a distância entre familiares e amigos.

Esse movimento serviu de facilitador para tecnologias que ainda enfrentavam resistências. Como a telemedicina, que teve a sua implementação aceita com naturalidade depois de atravessar um longo período cercada de desconfianças.

Indiscutivelmente, uma grande modificação no uso de facilidades tecnológicas se deu em uma faixa etária até então refratária à inovações, a de maior idade.

A humanidade passou a interagir com intimidade cada vez maior com dispositivos e *gadgets*. Por isso, podemos acender luzes, selecionar músicas, abrir cortinas e ouvir notícias através de comandos de voz.

A internet das coisas (IoT) se espalha pelas cidades e entra no cotidiano das pessoas através de sistemas inteligentes, capturando dados que permitem a personalização da experiência de consumo de produtos, físicos e digitais.

A computação em nuvem processa grandes volumes de dados (*big data*), auxiliando na criação de cidades inteligentes.

> *A hiperconectividade vai além da simples conexão de muitos dispositivos em rede.*

Ela permite a criação de novas soluções de automatização, mudando profundamente o modo de vida em sociedade.

A automatização dos trabalhos humanos normalmente acontece com o objetivo de aumentar a eficiência das indústrias e a qualidade de vida dos trabalhadores.

É usual que haja diversos robôs mecânicos dentro das fábricas. Os quais produzem mais e melhor do que um trabalhador manual.

No modelo econômico moderno, o neoclássico, a automatização do trabalho é incentivada pelo nome de produtividade do capital. Ou seja, é considerada uma melhor forma de empregar o capital na produção.

Fábricas inteiras, e até plataformas de petróleo, são conectadas e automatizadas para funcionarem com pouca ou nenhuma intervenção humana.

Atualmente, os movimentos de hiperautomatização e hiperconectividade avançam das fábricas e começam a ameaçar muitos dos trabalhos intelectuais, impactando profundamente toda a economia. Visto que os carros autônomos simbolizam exemplarmente o impacto econômico desses movimentos.

Na década de 1950, o Brasil tomou a decisão de investir em rodovias ao invés de ferrovias. A equipe econômica do governo Juscelino Kubitschek seguiu o modelo de estímulo à indústria automobilística para transporte de carga, por acreditar que esse setor poderia gerar mais negócios e empregos.

Mesmo que o transporte ferroviário seja mais eficiente, pois de fato automóveis e caminhões consomem mais combustíveis, geram mais manutenção, precisam de motoristas, e podem provocar acidentes. Ou seja, movimentam muito mais a economia do que os monótonos e eficientes trens de carga.

54 ● ECONOMIA EXPONENCIAL

Assim, a opção de complicar a logística acaba por criar muitos empregos e negócios. E são necessários para corrigirem ineficiências e garantirem o funcionamento de toda a cadeia.

Alguns especialistas em economia acreditam que o tiro saiu pela culatra. O país perdeu a oportunidade de ter uma malha ferroviária que tornasse a logística mais barata, desenvolvendo e levando dinamismo econômico para mais regiões.

Assim, uma cadeia produtiva como a logística necessita de menos capital e trabalho ao atuar de forma altamente eficiente, diminuindo a circulação de moeda. E consequentemente, o resultado financeiro do Produto Interno Bruto (PIB) do país.

Portanto, a pressão para manter o modelo neoclássico de crescimento pode gerar resistências no sentido de procurar manter um modelo menos eficiente.

Nos anos JK, a intenção foi estimular e proteger a economia interna. Não a de enfrentar alguma ameaça representada por tecnologias digitais vindas de outros países.

Os carros autônomos continuam a serem carros: grandes objetos físicos que precisam ser fabricados e entregues aos consumidores em todo mundo.

Entretanto, a tecnologia embarcada aumenta drasticamente a eficiência dessa indústria, desmonetizando toda uma cadeia produtiva montada há décadas. Combustíveis, manutenções, motoristas e acidentes não movimentarão mais a economia como esperado.

Outros negócios podem surgir criando novos empregos decorrentes do uso da tecnologia. Contudo, existem conflitos que geram resistências a essa transição.

AVANÇO EXPONENCIAL ALÉM DA TECNOLOGIA • 55

Em 2019, o governo francês causou surpresa ao proibir a publicação de soluções de análises estatísticas sobre as decisões do judiciário.

A decisão na forma de uma nova lei impedia os proprietários de empresas de tecnologia, com foco em análise de litígios, de revelar o padrão de comportamento dos juízes em relação às decisões judiciais.

Essas soluções são vistas como uma melhoria no acesso à justiça. Dado que disponibilizam o conjunto das jurisprudências sobre cada tema ao público em geral. Um grande passo em direção à transparência no setor judiciário.

No entanto, os juízes da França não previam que as empresas de inteligência artificial iriam utilizar os dados públicos como modelo de predição de seu comportamento em relação a determinados tipos de decisões jurídicas. E deste modo, proceder uma comparação entre eles e seus pares.

Os robôs analíticos têm a capacidade de identificar vieses em julgamentos, fazendo o mesmo trabalho intelectual de advogados muito experientes. Pois, eles optam por essa ou aquela linha de defesa, conhecendo a maneira de pensar e a linha de atuação dos juízes.

Então, o que poderia ser considerado um ganho de eficiência e oportunidade para desafogar um setor normalmente sobrecarregado foi encarado como objeto de impacto negativo para a economia do setor judiciário.

Por um lado, os softwares causam abalos à própria noção de justiça ao trazer à tona os vieses humanos dos juízes. E por outro, provocam a desmonetização do setor jurídico ao substituirem advogados e juízes por robôs com capacidade intelectual.

A nova lei afirma de maneira aberta que "dados de identidade de magistrados e membros do judiciário não podem ser reutilizados com o propósito ou efeito de avaliar, analisar, comparar ou prever suas práticas profissionais".

Porém, quando um caso já é de domínio público, os dados ficam abertos e disponíveis para quem quiser analisá-los. Desde que a pessoa o faça manualmente.

> *Podem ser realizadas análises estatísticas sobre os dados decorrentes dos processos. As quais podem revelar padrões, tendências, vieses cognitivos e preconceitos.*

Afinal, como o governo poderia ditar como seus cidadãos irão usar os dados e interpretar informações já disponibilizadas por um órgão público? Então, o governo decretou que não vale fazer isso através de IA.

Ao contrário dos Estados Unidos e do Reino Unido, onde os juízes aceitaram o fato de empresas de IA analisarem suas decisões em detalhes extremos para criarem modelos de previsão de comportamento no futuro. Já os juízes franceses decidiram resistir.

Eles não gostaram de como o padrão de suas decisões era aberto para todos verem. Agora relativamente fácil de modelar.

Mas, a questão que permanece é se um governo e seu sistema de justiça podem proibir que dados públicos sejam usados para revelar o comportamento dos seus agentes e aumentar a eficiência do setor.

O governo francês não só proibiu como criminalizou a ação. E com a nova lei, um empreendedor pode passar até cinco anos na cadeia caso insista em fazê-lo.

A evolução da inteligência artificial e a automatização do trabalho intelectual criam uma eficiência enorme na cadeia de produção de recursos e uma gama de possibilidades de maior geração das riquezas mundiais. Enquanto também produzem complicações políticas e econômicas que precisam ser acompanhadas de perto.

Centenas de profissões serão extintas e os governos precisarão preparar suas economias, auxiliar e capacitar a população para minimizar os efeitos desse fenômeno. Algo que é inevitável conforme avança a tecnologia.

No momento em que estou redigindo este texto, o Google Docs me orienta que talvez eu tenha esquecido uma vírgula. Ou sugere a concordância mais adequada para a frase que estou digitando. E a ferramenta faz isso sem que eu sequer perceba que estou interagindo com sua inteligência artificial.

Enquanto formulo minhas teorias, a máquina faz o trabalho dela. O de realizar tarefas que antes necessitavam exclusivamente da intervenção humana.

Parte do trabalho de revisão deste livro está sendo feito pelo meu computador conectado à nuvem em tempo real. E na medida em que a inteligência artificial da Google aprende a forma como escrevo, há a diminuição da necessidade de contratar um profissional especializado em revisão.

A máquina sugere palavras e expressões que eu não usaria. Ou até mesmo pode alterar o sentido do que pretendo transmitir para você que me lê.

58 • ECONOMIA EXPONENCIAL

> *Categorias profissionais inteiras precisarão migrar para outras áreas de conhecimento, que atendam às novas necessidades de uma economia hiper eficiente.*

Atualmente, ser atendido por robôs em vez de um profissional de telemarketing não nos gera mais estranhamento.

Os *bots* tornaram as áreas de vendas e atendimento mais eficientes. Visto que a automatização de trabalhos nas áreas de estratégias também estão ganhando espaço.

A IA desenvolve estratégias de marketing e análise de chamadas de vendas de forma mais eficiente e rápida do que qualquer coordenador. No qual demoraria anos para realizar algumas análises resolvidas quase que instantaneamente pelos algoritmos de aprendizado.

As áreas de RH e Contábil também já estão ganhando um forte apoio com a automatização das tarefas.

Poderíamos citar dezenas de setores econômicos que já foram ou estão sendo automatizados de forma antes inimaginável. Mas, a intenção aqui é: você consegue perceber que a automatização de trabalhos intelectuais ganha mais espaço a cada dia? E se tornam tão comuns como o ato de ligar o ar-condicionado do seu escritório?

A família do desenho *Jetsons* ficaria empolgada com a velocidade que as tecnologias exponenciais ganharam na última década. Apesar dos nossos robôs ainda não serem tão eficientes e carismáticos quanto a Rose, que fazia todas as tarefas domésticas para a família. Contudo, a Amazon vem aprimorando a Alexa. E há a Toyota que criou o robô tocador de violino.

Nossos carros ainda não voam. E apesar da existência de drones tripulados, a navegação no espaço aéreo enfrenta diversas restrições físicas.

Porém, o exemplo dos carros autônomos nos mostra uma boa dimensão da combinação de hiperconectividade e da hiperautomatização de trabalhos manuais e intelectuais.

Talvez, prever carros espaciais e elevadores supersônicos fosse mais sensato do que imaginar uma tecnologia que analisa o grau de satisfação de colaboradores pela análise de suas expressões faciais, tom de voz e pausas entre as palavras.

Ainda não temos carros voadores, nem sequer uma Rose. Mas, contamos com softwares de medição do estado de ânimo de trabalhadores.

O grande impacto econômico criado pela inserção das ferramentas tecnológicas na organização da sociedade provoca um conflito natural entre dois modelos econômicos: o industrial e o exponencial.

Nosso pensamento econômico atual veio se desenvolvendo ao longo dos últimos dois séculos através de modelos formulados para funcionarem em uma economia industrial e desconectada.

Porém, como a história nos mostra, a revolução tecnológica continuará se desenvolvendo exponencialmente em um caminho sem volta.

O escritor e historiador Yuval Harari alertou em seu livro *Homo Deus* para o surgimento de uma classe de trabalhadores *useless*. Ou seja, sem utilidade para a economia. Um alerta válido. Já que a aceleração tecnológica requer uma reformulação do pensamento econômico.

Contudo, olhar para a história nem sempre é a melhor forma de imaginar o futuro. Se quisermos evitar a repetição de acontecimentos do passado será preciso olhar para frente com novos parâmetros. Novos modelos.

Apesar das rupturas na transição da economia, o avanço exponencial da tecnologia é também uma fonte potencial de geração de riquezas para todos.

Novos modelos e arranjos econômicos surgem. O estágio tecnológico atual cria o fenômeno do crescimento exponencial da economia. Assim, estamos diante da maior oportunidade da História.

Mas, para aproveitá-la será preciso entender e acompanhar esse movimento, criando um novo pensamento econômico de base tecnológica. Falaremos mais disso nos próximos capítulos.

PARTE 2

A ECONOMIA PODE SER EXPONENCIAL?

A formação do pensamento econômico

Economia é uma palavra originada do grego que significa gerir ou administrar a casa. Todos os que se importam em administrar suas casas devem se ocupar com questões econômicas. E agora também suas bases tecnológicas.

Podemos entender o conceito de lar no sentido mais amplo, como comunidades, cidades, países ou o planeta. E de acordo com a abrangência, teremos uma visão macro ou microeconômica das riquezas geradas pelas atividades em uma determinada região.

Atividades essas praticadas por indivíduos ou instituições, que buscam suprir as necessidades humanas através da distribuição de recursos naturais, bens e serviços. Ou seja, da própria dinâmica econômica.

Desde a Grécia antiga, quando a economia era baseada na escravidão, até o início da Era Industrial, a disciplina econômica foi sempre objeto da filosofia.

Em *A República*, Platão mencionava a especialização da produção e do trabalho, defendendo uma sociedade governada por filósofos. Amantes do conhecimento e da sabedoria chamados "reis-filósofos". Eram os que aceitavam viver uma vida singela, com um modelo de sociedade baseado na propriedade comum de recursos.

Já Aristóteles defendia uma sociedade em que a propriedade fosse privada, mas o seu uso comum. Segundo ele, a filosofia de Platão defendia uma sociedade com propriedade comum governada por filósofos porque acreditava na "maldade da natureza humana".

O argumento de Aristóteles era que a presunção da maldade não poderia justificar uma limitação da liberdade. Portanto, a finalidade de um governo legislador deveria ser concentrada em "criar nos homens a disposição benevolente".

De lá para cá, diversos modelos econômicos foram criados, estudados e alguns até descartados. Mas, nossa finalidade aqui não é ir a fundo em toda a história filosófica-econômica. E sim entender de onde vêm os modelos que praticamos até hoje.

Apesar de toda a evolução vivenciada, ainda temos vestígios das teorias platônica e aristotélica na formação dos modelos mentais que regem nosso pensamento econômico.

Com a revolução industrial, o modelo que prevaleceu é o que chamamos no presente de modelo de crescimento neoclássico. E que está na raiz dos sistemas econômicos modernos ou contemporâneos.

Nele, o crescimento econômico é linear. E pode ser descrito por uma função básica da qual deriva todo o nosso pensamento econômico. O que costumamos chamar de economia.

Modelos de crescimentos buscam explicar a criação e o aumento de recursos através da relação entre fatores de produção. Estes representados em agregados de capital (recursos físicos) e de trabalho (recursos humanos).

Uma das críticas que se faz aos atuais modelos neoclássicos diz respeito ao tratamento do progresso tecnológico (inovação) como variável externa (exógena) ao modelo. A aleatoriedade e imprevisibilidade do efeito da inovação na economia dificultam a sua modelagem matemática.

Modelos neoclássicos podem ser derivados ou sofrerem variações para incluirem mais ou menos o progresso tecnológico na sua função de produção. Problema do qual falaremos mais tarde tratado por Joseph Schumpeter.

No entanto, a tecnologia continua sendo apenas uma variável de incremento da produtividade do trabalho. Mesmo nos modelos que incluem a inovação. Por isso, ela também é chamada de conhecimento ou de eficiência do trabalho.

A produção se mantém em um modelo neoclássico. Portanto, é continuamente dependente de capital e trabalho. Ou seja, o trabalho humano e o capital (moeda) são pressupostos para o aumento da produção.

O avanço exponencial da tecnologia com os movimentos de hiperconectividade e hiperautomatização desafiam os pressupostos de necessidade de capital e trabalho dos modelos neoclássicos.

É preciso olhar primeiro para a função básica do modelo neoclássico para entender como formamos nosso pensamento econômico. Aqui chamado também de modelo linear ou industrial de produção.

Essa função é uma razão entre o capital e a produtividade. A qual, por sua vez, é uma outra razão entre trabalho e tecnologia. Portanto, ela tem apenas quatro variáveis: o produto, o capital, o trabalho e a tecnologia. Veja conforme mostrado abaixo:

$$\text{Produção} = \underbrace{(\text{Capital})}_{\text{Detém capital}} \underbrace{(\text{Tecnologia} \times \text{Trabalho})}_{\text{Aumenta produção com tech e trabalho.}}$$

A importância dessa função vai muito além da sua simplicidade matemática. Logo, essa simples equação evidencia que neste modelo, somente quem detém o capital pode aumentar a produção através da adição de tecnologia e trabalho.

É dela que deriva todo o nosso pensamento econômico atual. E é também nela que residem nossas resistências inconscientes ao avanço exponencial na economia.

> *Observando a natureza matemática do modelo industrial, é possível perceber que ele estimula a acumulação de capital e o uso de trabalho humano. Isto perpetua desigualdades, retardando a geração da abundância econômica no planeta.*

O modelo foi proposto por Robert Solow, Prêmio Nobel de Ciências Econômicas. E coube perfeitamente no período de desenvolvimento da indústria, onde as tecnologias começavam a ser implantadas para substituirem trabalhos manuais, possibilitando a produção em escala que o trabalho humano não poderia alcançar.

Além das automatizações manuais nas fábricas, diversas funções dependentes da capacidade intelectual humana também estão sendo substituídas com o avanço das tecnologias exponenciais.

> *Essas tecnologias começaram a ser usadas para criarem autoincrementos progressivos da produção, provocando uma necessidade cada vez menor de capital e trabalho.*

O abismo econômico entre países e empresas que aumentam a produção utilizando tecnologias exponenciais, mais os que seguem o modelo industrial, tende a aumentar com a revolução tecnológica. Isso fica ainda mais claro com a análise histórica da evolução do Produto Interno Bruto (PIB) em países como o Brasil.

No período industrial (pré-revolução tecnológica) o país cresceu em média 1% a mais do que o mundo entre os anos de 1960 e 1990. Isso logo após o início da revolução tecnológica com o surgimento da internet. Enquanto entre os anos de 1990 e 2020 houve um crescimento em média 0,6% a menos.

Sinais de que o Brasil é um país que conseguiu acompanhar o mundo industrial, mas perdeu o passo com a revolução tecnológica.

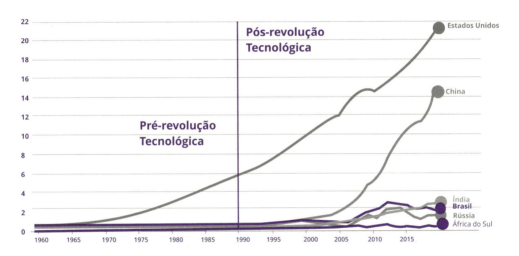

Quem não cresce na mesma velocidade de seus pares vê multiplicar a distância em relação aos demais. Regra que vale tanto para países quanto para empresas.

O crescimento do produto acumulado também tem poder exponencial.

A revolução tecnológica trouxe inúmeras oportunidades para os que estão conseguindo acompanhar o ritmo das mudanças aceleradas. E para a geração de abundância econômica de recursos no planeta.

Por outro lado, o avanço exponencial tecnológico em um modelo econômico industrial pode aumentar os abismos sociais, perpetuando as desigualdades econômicas.

> *O conflito entre os modelos de pensamento econômico industrial e pensamento econômico tecnológico precisa ser evidenciado e tratado.*

Uma sociedade composta por consumidores hiperconectados, mas sem poder de compra, não cria o dinamismo necessário para incentivar empresas a produzirem mais.

A seguir vamos discutir como enfrentar os desafios desse momento de transição entre os modelos de pensamento econômico apresentados.

A fórmula do pensamento econômico exponencial

Como vimos, o avanço exponencial da tecnologia gera autoincrementos na produção. Bem como uma consequente necessidade inversamente proporcional de capital e trabalho. Quanto maior for o uso de tecnologia exponencial menor será a necessidade de capital e trabalho.

> *A tecnologia pode se tornar o fator exclusivo e determinante da produção.*

A digitalização tem facilitado disrupções de mercados, colocando em risco países e empresas que adotaram o modelo neoclássico de crescimento e distribuição de renda.

Nesse contexto, é importante reforçar a diferença entre as tecnologias exponenciais e as tecnologias usadas como variáveis nos modelos neoclássicos.

> *As tecnologias exponenciais são as que podem criar dispositivos inteligentes capazes de produzirem e inovarem sem a necessidade de aumento de capital e trabalho - capacidade de autoincremento.*

Elas crescem as taxas observadas pela Lei de Moore. Ou qualquer outra escala de crescimento exponencial, podendo fazer com que o crescimento seja mantido exclusivamente através dessas tecnologias no longo prazo.

Novas dinâmicas econômicas surgiram com a revolução tecnológica – o avanço e a inovação exponenciais. Às quais os modelos industriais não foram capazes de capturarem.

A observação desses reflexos pode ser traduzida na equação (ou fórmula) batizada aqui como Modelo de Crescimento Econômico Exponencial. Veja a demonstração na seguinte imagem:

$$\text{Produção} = \text{Tech*} \underbrace{}_{\substack{\text{Detém}\\\text{Tecnologia}\\\text{Exponencial}}} \underbrace{((\text{Cap}-\text{Tech*})(\text{Trab}-\text{Tech*}))}_{\substack{\text{Necessita de menos capital e trabalho}\\\text{para aumentar produção.}}}$$

Observe que na função de produção do Modelo de Crescimento Econômico Exponencial, a necessidade de capital e trabalho diminui conforme a tecnologia exponencial é adicionada. Ao contrário do modelo neoclássico.

Então, a produção se torna uma função da tecnologia.

Note bem que a tecnologia nessa função é exponencial – representada pelo asterisco. E tem a capacidade de autoprodução.

Quanto mais tecnologia exponencial é adicionada ao processo produtivo, mais a produtividade aumenta sem dependência do trabalho humano.

Ou seja, quem detém tecnologia exponencial necessita cada vez menos de capital e de trabalho. Isto a ponto de uma *startup* poder ter uma produtividade tamanha na iminência de desafiar uma grande empresa consolidada no mercado.

O modelo tecnológico gera uma economia que precisa cada vez menos de trabalho e de capital.

A fórmula foi criada para demonstrar de forma clara, simples e didática como o nosso pensamento econômico deve ser remodelado para lidar com os impactos do avanço exponencial na economia e na sociedade.

Muitas derivações matemáticas podem ser realizadas. E outros aspectos formais de modelos de crescimento econômicos podem ser incorporados. O que também consideram diferentes formas de uso da tecnologia.

Mas, vale observar que a fórmula proposta aqui tende a eliminar por completo a necessidade de capital e trabalho se derivada no tempo. Algo inimaginável em modelos industriais neoclássicos.

> *A fórmula é também a demonstração matemática do possível fenômeno da Singularidade em termos econômicos. Momento no qual o autoincremento da produção gerará abundância constante de recursos no planeta.*

Talvez esse momento demore um pouco para chegar, mas a utilização de tecnologias exponenciais segue provocando disrupções no modelo de pensamento econômico industrial. Além de conflitos que precisamos solucionar presentemente.

O intuito da nova fórmula é tornar clara a necessidade de revisão do pensamento econômico para que façamos a transição da Era Industrial para a Era Tecnológica.

> *Observando a natureza matemática do modelo tecnológico, é possível perceber que ele diminui a necessidade de acúmulo de capital e de uso do trabalho humano, incentivando a conexão e colaboração entre agentes para acelerar a geração de abundância econômica no planeta.*

Como vimos na história do pensamento econômico, o trabalho (esforço físico ou intelectual) e o capital (moeda soberana) são pressupostos para o incentivo à produção e distribuição de renda.

Entretanto, precisamos observar que isso está acontecendo na prática. Embora o Modelo de Crescimento Econômico Exponencial ainda não seja formalmente adotado entre os países.

Logo, seu poder de escala e diminuição de custos atrai muitos investimentos para as empresas que conseguem desafiar mercados gigantes com pequenas equipes. Tenho certeza que você consegue lembrar de inúmeras.

Essas empresas de base tecnológica conseguem produzir mais com uma quantidade cada vez menor de capital e trabalho. Seus custos marginais – aqueles necessários para aumentar a produção – são próximos de zero.

Em termos microeconômicos parece ser uma ótima notícia. Entretanto, em termos macroeconômicos pode comprometer a distribuição de renda e o bem-estar econômico dos trabalhadores. Os quais em última instância são a massa de consumidores da produção das empresas dos países.

Em momentos de avanço tecnológico acelerado – como na pandemia – isso fica mais claro. Nisso, surge o chamado desemprego estrutural. Ele é o *gap* entre os empregos antigos (industriais) e os empregos novos (de base tecnológica).

Por isso, ouvimos termos como "apagão de mão de obra" no setor de tecnologia (micro) enquanto os índices de desemprego (macro) dos países batem recordes nesses períodos. Desemprego estrutural é um problema silencioso que não é tratado de forma consistente pelos governos nem pelas mídias.

Ele pode se tornar permanente – geração *useless* – e comprometer de vez a distribuição de renda, gerando um círculo vicioso para a economia.

É natural que empresas e países com maior capacidade de investimento se tornem detentoras dessas tecnologias. E se distanciem em termos de produção de riquezas.

Como consequência, maiores assimetrias econômicas entre países ricos e pobres podem ser observadas com o avanço exponencial.

Mesmo com sucessivos planos de estímulos (via débito) durante a pandemia, a economia real (onde estão os trabalhadores/consumidores) não reagiu na mesma velocidade em que os ativos financeiros se valorizam, refletindo um represamento de capital no mercado financeiro.

Nenhum capitalista quer que seus consumidores não tenham poder de compra. Pelo contrário. É preciso entender as forças que estão movendo os mercados e causando conflitos entre um modelo de pensamento econômico industrial e um modelo de pensamento econômico exponencial.

> *Estamos vivendo o exato momento de transição entre os modelos econômicos.*

Vamos precisar analisar com cuidado onde estão as resistências que países e empresas enfrentam na curva de crescimento econômico exponencial para entendê-lo. Veremos mais sobre isso logo a seguir.

Resistências inconscientes ao avanço exponencial

Há uma diferença importante entre economia e finanças. Economia é um fenômeno que está ligado à geração de recursos de maneira eficiente. Enquanto finanças é um termo relacionado à geração de dinheiro (moeda) para facilitar as transações econômicas nos mercados.

Dizemos que a moeda é uma procuração. Uma *proxy* para valorizar os ativos econômicos. Mas, sozinha ela não é nada. É só uma ideia.

Não adianta um banco central gerar rios de dinheiro se o país não tiver capacidade de gerar recursos na mesma proporção. A moeda acaba se desvalorizando ao criar um círculo vicioso de depreciação.

Medimos as riquezas econômicas geradas por um país de forma agregada através do indicador PIB (Produto Interno Bruto). Ele serve para medir o aumento do valor dos ativos (em moeda corrente, normalmente convertida em dólar) durante um período.

Contudo, ele não é capaz de representar fielmente a riqueza econômica de um país (recursos). Portanto, o PIB é um indicador financeiro. E não econômico.

É muito importante entender isso com clareza. Uma vez que a desmonetização subverte o modelo financeiro-econômico ao qual estamos habituados a pensar.

> *Aprender a diferenciar valor econômico de valor financeiro evita cairmos em muitas armadilhas.*

A Amazon aprendeu essa diferença. Logo, após ficar quinze anos criando valor econômico através do seu ecossistema, gerou valor financeiro e distribuição de lucros para seus acionistas como consequência, tornando-se a empresa mais valiosa do mundo.

Como já discutimos, a palavra desmonetização significa que haverá momentos de menor circulação de moeda nos mercados financeiros. Isto é um possível sinal de democratização de recursos na curva de crescimento exponencial.

> *A democratização de recursos é a etapa final da curva exponencial. Quando os recursos se tornam abundantes na economia, mas ela é precedida da desmonetização.*

Minha experiência no *Burning Man* foi um vivencial temporário e lúdico de uma economia desmonetizada e abundante. Porém, a tecnologia vem provocando consequências reais nesse sentido para a economia.

O entendimento sobre a desmonetização dos mercados se torna um diferencial de visão e gestão para países e empresas do futuro em um mundo que não para de emitir moeda. E que já mostra juros negativos em alguns países.

Relembre no gráfico a seguir que o processo do avanço exponencial começa com o "D" de digitalização. E percorre um longo caminho até chegar no seu ponto alto de democratização.

Veja que as resistências ao avanço exponencial dos recursos na economia acontecem devido ao momento de desmonetização. Quando os resultados são medidos através de indicadores financeiros – como o PIB – que não capturam todos os benefícios econômicos.

> *Pressões políticas, culturais e organizacionais são formadas. E muitos projetos exponenciais que poderiam trazer grandes benefícios para a economia deixam de existir ou nem chegam a nascer.*

Uma *proxy* financeira normalmente é medida a curto prazo – como o PIB trimestral. E não captura os benefícios econômicos, normalmente percebidos a longo prazo. Como os quinze primeiros anos da Amazon.

Muitos projetos de base tecnológica continuam sendo medidos por indicadores e *timelines* inadequados. Criados para projetos de uma economia de base industrial, dando origem às resistências ao avanço exponencial na economia. O gráfico abaixo tenta ilustrar isso:

É preciso entender as resistências ao avanço exponencial para capturar os benefícios da tecnologia. E como elas estão impactando os processos decisórios.

Portanto, é claro que o financiamento e a saúde financeira de qualquer projeto deve ser preservado. A questão é: como medir projetos que desafiam a própria natureza da medição?

Relembre que variáveis financeiras são diferentes de variáveis econômicas. O resultado financeiro se mede com as vendas de amanhã, mas o resultado econômico se mede pelo desenvolvimento prolongado de recursos. Como pessoas capacitadas, tecnologias, plataformas, culturas.

> *Não projetar os benefícios econômicos é um dos sinais de resistência inconsciente ao avanço exponencial da economia.*

Como seria a economia se fosse medida com maior clareza, usando separadamente indicadores financeiros e econômicos? Quantas empresas iguais a Amazon poderiam construir valores econômicos para transformarem as suas indústrias?

Perceba que não se trata de simplesmente aumentar o horizonte da medição financeira de curto para longo prazo. Empresas que buscam eliminar a concorrência já fazem isso. Elas aceitam resultados menores e prejuízos no curto prazo, com a expectativa de lucro maior no longo prazo. Vide Uber.

O mercado de *startups* seria mais sadio se variáveis econômicas também fossem desdobradas para os investimentos. E a taxa de mortalidade dessas empresas seria menor.

> *O fenômeno de crescimento exponencial causa disrupções na própria forma de medir e analisar a economia. É a destruição criativa acontecendo na prática.*

Outro grande sinal de resistência está relacionado aos movimentos de hiperconectividade e hiperautomatização. Essa combinação dá origem ao que podemos chamar de "hipereficiência" das relações econômicas.

Elas provocam desmonetização em mercados já estabelecidos e criam pressões políticas, culturais e organizacionais. Ao mesmo tempo que as tecnologias melhoram a segurança, confiabilidade, rastreabilidade de transações, transparência, diminuição de custos e de ruídos intermediários.

Isso pode ajudar a explicar porque tantos projetos relacionados as tecnologias disruptivas como inteligência artificial e *blockchain* nascem e morrem rapidamente nas corporações.

Certa vez ouvi de um executivo durante uma consultoria: "Podemos implantar qualquer tecnologia, desde que ela me ajude a trabalhar, mas não substitua o meu trabalho".

Essa frase sinaliza a nossa resistência inconsciente ao avanço exponencial e a hipereficiência. O trabalho humano é pressuposto em um modelo industrial. Logo, as resistências continuarão se não tivermos opções para realizar outras atividades, como a distribuição de riquezas.

Um novo modelo de pensamento econômico pode permitir abundância de recursos na economia. Algo mais adaptado aos avanços exponenciais, que evidencie onde estão os gargalos para acabar com a escassez.

> *Projetos exponenciais precisam ser medidos não só por variáveis financeiras, mas, também, por variáveis econômicas.*

Uma boa pergunta seria: a sociedade está preparada para a hipereficiência econômica? A resposta passa por entender a relação da moeda (capital) e a produtividade nos modelos de pensamento econômico. Veremos sobre isso a seguir.

Relação das moedas com a produtividade

Os governos buscam garantir que dinheiro chegue a todas as pontas da economia através de suas políticas monetárias. Algo que a pandemia deixou ainda mais claro ser necessário.

Diminuir juros e gerar moeda nos momentos de crises é uma das estratégias encontradas pelos bancos centrais para tentar reaquecer os mercados.

Entretanto, as instituições encarregadas de fazer os desdobramentos da expansão monetária não conseguem levar o dinheiro de forma atrativa até onde ele é mais necessário.

Assim, fica mais difícil os bancos emprestarem dinheiro para pessoas e empresas com alto risco de inadimplência em cenários de incertezas econômicas.

Eles buscam ativos financeiros com maior proteção. E a moeda não chega nas mãos de quem realmente pode dar dinamismo à economia: as famílias e empresas de porte menor.

A pandemia deixou isso ainda mais evidente quando o represamento de capital em ativos dos mercados financeiros fez surgir um *bull market* – movimento extenso de alta – em uma velocidade incompatível com a recuperação lenta da economia real.

Mesmo antes da pandemia, países do hemisfério norte já davam sinais de que as medidas de expansão monetária extrema estavam se tornando ineficientes. Um fenômeno que se intensificou na crise de 2008, provocando o surgimento de juros negativos em títulos públicos.

Sinais de que há excesso de dívidas e dinheiro nos mercados, mas não há formas eficientemente seguras de fazer os recursos chegarem à economia real.

Deste modo, começaram a surgir novas ideias a partir da crise causada por uma bolha imobiliária. Mark Carney, presidente do Banco Central da Inglaterra, passou a defender que moedas digitais pudessem ser emitidas pelos governos, utilizando a tecnologia *blockchain*. A mesma usada no *Bitcoin*.

Em um Seminário de 2020, o Fundo Monetário Internacional (FMI) discutiu os benefícios e riscos do uso internacional de moedas digitais e seus impactos macrofinanceiros. Uma mostra de que o desenvolvimento desta solução já está em processo de expansão.

> *As moedas digitais soberanas impactam diretamente o sistema bancário. Bancos Centrais poderão fazer políticas monetárias diretamente nas carteiras digitais que movimentam a economia real.*

A solução contorna dificuldades de distribuição, onde as pessoas que mais carecem não recebem os benefícios do governo.

Ou então, as recebem tardiamente. Iguais as que vimos durante a pandemia.

Os bancos centrais ganham o poder de enviar a moeda digital diretamente a qualquer cidadão, eliminando intermediários e riscos de toda uma cadeia financeira.

> *O impacto sentido não será exclusividade dos bancos. Toda a economia mundial terá que se readaptar. Inclusive nós, como pessoas físicas, empresas e principais agentes econômicos.*

Os governos terão o controle total da circulação da moeda com a implantação da tecnologia. Inclusive para saber em tempo real quanto cada um de nós terá em nossas carteiras digitais, e quais as transações efetuadas.

Os bancos centrais também poderão protagonizar novas políticas fiscais. E mudar com facilidade o modelo de tributação usando a inteligência artificial para taxar contribuintes de maneira dinâmica. Isto de acordo com o volume e o movimento que cada indivíduo ou empresa realizou na sua carteira.

As taxas de juros também são preços. E podem ser praticadas pelos bancos segundo o comportamento financeiro de cada um.

A economia comportamental e a *big data* se tornam as ferramentas centrais da política monetária e fiscal. O que muda a forma como toda a economia mundial é modelada. Do macro ao micro.

> *O comportamento humano pode passar a ser adotado como um dado acessível e personalizável. Além dos agregados de oferta e demanda para precificar produtos e serviços.*

Se em um modelo agregado aos preços são praticamente iguais para todos os agentes (figura A), há vários preços a serem praticados por cada agente conforme cada circunstância (figura B) de um modelo baseado no comportamento do agente.

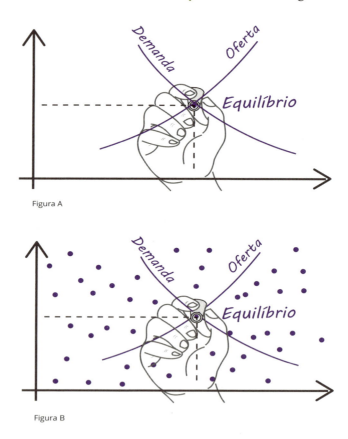

Figura A

Figura B

Os modelos industriais devem se tornar obsoletos para darem espaço a cada indivíduo que utilize a tecnologia para participar ativamente da precificação do que se consome. Isto de acordo com o seu momento, vontade e percepção individual do valor.

Um cenário bem diferente dos moldes atuais. E às vezes difícil de imaginar, tendo em vista as questões de privacidade que a análise do comportamento traz.

O que nos leva a pensar: as liberdades individuais estão ameaçadas? Até que ponto vale deixar de ter privacidade para ter uma economia mais eficiente? O fato é que:

> *Com o advento das moedas digitais emitidas pelos governos, um banco de dados central estará disponível para ser analisado por uma entidade central controladora.*

Ao sabermos disso, a sociedade poderá exigir que esse banco de dados seja público ou não. No cenário atual, também é preciso ter em vista que as transações eletrônicas já podem ser monitoradas. Governos podem cruzar informações bancárias e fiscais de qualquer cidadão se uma lei assim permitir.

Na microeconomia, os grandes *players* da tecnologia utilizam ferramentas poderosas para coletar dados e analisar o comportamento de consumidores.

A privacidade poderá ser diferente do que é nos dias atuais. E o volume e o tipo de dado coletado circulantes causarão uma grande revolução na economia mundial com as moedas digitais.

Tecnologia quebrando barreiras

Até abril de 1999, quem quisesse negociar qualquer ativo financeiro precisava ligar para uma corretora de investimentos e passar a ordem de compra ou venda pelo telefone. Foi quando surgiu o *Home Broker,* que tornou as transações mais ágeis, permitindo as negociações serem feitas pela internet.

Somente seis corretoras aderiram à ferramenta naquela época. Um ano depois o número de corretoras que disponibilizavam o recurso para os investidores havia saltado para trinta e sete.

O *hype* perdeu força nos primeiros anos, sendo o período do "D" de Decepção. E o número foi aumentando mais lentamente. Até que em 2006 chegou a cinquenta e três corretoras.

Após o teste de mercado, o *Home Broker* se tornou uma ferramenta disruptiva. E se proliferou não só entre as corretoras já existentes, como também fez surgir incontáveis novas empresas no mercado democratizado pela tecnologia.

O número de pessoas físicas na Bolsa de Valores continua crescendo. Bem como novos produtos surgem para atender a demanda de quem quer negociar ações, moedas, fundos imobiliários e diversos outros ativos.

Os pregões viva-voz com centenas de corretores enlouquecidos, vendendo e comprando ativos ao mesmo tempo no ambiente físico deixaram de existir.

Com a difusão da internet, e a automatização das transações, as corretoras identificaram oportunidades de atrair potenciais investidores com novas experiências e ferramentas.

O *Home Broker* se popularizou. E em outubro de 2020, a B3 (Bolsa de Valores Brasileira), quinta maior em valores do mundo, contabilizou 3.147.040 pessoas físicas com contas ativas.

Entre essas pessoas físicas, muitas buscavam maneiras de investir melhor suas economias. E no meio delas, um grupo encontrou um novo estilo de vida no mercado financeiro.

> *O efeito da aceleração da tecnologia atingiu em cheio o mercado financeiro, com consequências na cultura, política e economia do país.*

Além de tornar o ambiente de transações mais acessível e reduzir custos de operações, a entrada massiva de pessoas no mercado aumentou a necessidade de educação financeira, gerando novas discussões em fóruns, redes sociais e na política.

A democratização do serviço financeiro incluiu uma população atuante e educada financeiramente. Deste modo, interessada em fazer das empresas e dos ativos em que investem, produtos de maior rentabilidade, aumentando a pressão sobre os governos para manter uma economia eficiente e autônoma.

O que antes era quase uma exclusividade de instituições, com a democratização ao acesso do mercado financeiro, ganhou a voz ativa de pessoas que passaram a ter representatividade nas decisões políticas e econômicas do governo.

Os primeiros contatos dos novos investidores com o mercado financeiro também são consequências das facilidades que a tecnologia trouxe ao acesso à informação. Isso através dos influenciadores digitais e diversas plataformas na internet.

O número expressivo de investidores pessoas físicas faz voz no governo. Apesar de mais modestos em termos de valores. E também ajuda a empurrar agendas de reformas que garantem a saúde das contas públicas, da economia e dos investimentos.

O investidor pessoa física faz parte da geração de transição. E deve entender que a rentabilidade de seus ativos dependem da estabilidade político-econômica do país, formando mais uma força que se expande para quebrar resistências ao avanço exponencial.

Finanças descentralizadas, Criptoativos, Moedas digitais soberanas

No século passado, a moeda deixou de ter lastro (referência) em ouro ou prata tornando-se fiduciária – do latim *fiat*, que significa "faça-se". Assim, mais recentemente passou a ser criada eletronicamente.

Quase todo o valor movimentado pelos negócios já não é mais em espécie (papel-moeda). Mas, de registros eletrônicos transferidos entre os bancos, pessoas, empresas e governos.

As moedas eletrônicas são meras representações das moedas fiduciárias controladas pelos governos. O "lastro" fiduciário está atrelado à saúde fiscal das contas públicas. Ou seja, há confiança na moeda se o país emissor é um bom produtor, poupador e pagador.

Moeda eletrônica e moeda digital são a mesma coisa em teoria. Registros em códigos binários de computador. Mas, se convencionou chamar de moeda digital somente os projetos de moedas digitais criptografadas, como o conhecido *Bitcoin*.

> *Criptografia é um enigma pelo qual se busca garantir sigilo e autenticidade em uma operação. Quando ouvimos o termo "mineração" de moedas digitais, trata-se da operação de descoberta do enigma para geração de uma moeda digital.*

A analogia com a mineração vem da ideia dos antigos lastros de moedas em ouro e prata. Nesse sentido, podemos dizer que o "lastro" das moedas digitais é o próprio enigma.

Destaco o termo "projetos de moedas" porque ainda nenhuma das digitais adquiriu o status de moeda na prática. De fato, seria necessário que fosse aceita amplamente para tal. E tivesse conversão direta em bens e serviços de uma região.

Apesar de serem cada vez mais aceitas, as chamadas criptomoedas, ainda precisam ser convertidas em moedas locais antes de uma transação com bens ou serviços. Portanto, é mais correto afirmar que são ativos digitais criptografados. Ou simplesmente, criptoativos.

No momento em que escrevo, há mais de 5 mil criptoativos circulando independentes de governos e instituições bancárias. Criptoativos são *tokens* (símbolos) digitais que buscam representar valores.

No sentido amplo, *tokens* são semelhantes àqueles pontos de fidelidade dos cartões de crédito. Eles podem ser convertidos em valores para compras de produtos ou passagens aéreas, por exemplo. Porém, criptoativos, ou *tokens*, são criptografados.

> *Estima-se que hoje os criptoativos somem mais de um trilhão em divisas, se convertidos em dólar.*

Possivelmente, a explosão de criptoativos se deve ao bem sucedido teste de estresse do *Bitcoin*. Mais especificamente ao sucesso da tecnologia por trás dele: o *blockchain*.

É possível programar na rede por meio de contratos inteligentes automatizados (*smart contracts*) com *blockchains*. Sem a necessidade de intermediários ou reguladores. Eles permitem que regras de transação sejam automatizadas através de programas de computador.

> *A validação das transações é feita de maneira descentralizada, através de protocolos de consenso com o registro em um "livro-razão" compartilhado.*

A confiabilidade nos processos descentralizados, apoiados nas tecnologias *blockchains*, fez surgir o que chamamos hoje de DeFi. Um acrônimo em inglês para Finanças Descentralizadas.

Inúmeras empresas estão usando esses conceitos para implementar uma gama variada de serviços financeiros sem a necessidade de bancos, financeiras e outros *players* tradicionais.

Os impactos microeconômicos estão acontecendo em todos os cantos do planeta. Mercados como os de empréstimos, seguros, investimentos e o de conversão de moedas estão sendo amplamente modificados.

Como forma de aproveitar os benefícios da tecnologia, e acompanhar a proliferação de moedas digitais concorrentes, muitos governos formaram iniciativas para criarem suas próprias moedas digitais soberanas. Também chamadas de CBDCs (moedas digitais emitidas por bancos centrais, na sigla em inglês). Ou simplesmente de *Govcoins*.

Tais moedas reúnem características de criptoativos, mas com o poder governamental das moedas fiduciárias. Suas aceitabilidades e suas conversibilidades direta farão com que elas se tornem as criptomoedas mundiais de fato.

> *As moedas digitais soberanas têm o poder de mudar radicalmente a forma de fazer políticas monetárias, causando gigantescos impactos macroeconômicos.*

Para um Banco Central saber qual efeito da sua política monetária no presente, ele precisa recorrer a diversos intermediários. Os quais desdobram a política de maneira pouco eficiente, com viés comercial, aumentando custos e cobrando *spreads*.

Será possível saber como as moedas estão sendo distribuídas nas carteiras e sendo gastas na economia com as *Govcoins*. De forma direta e detalhada.

E, ainda, a de incentivar o comportamento dos agentes. Definir preços personalizados (como dos juros). E estimular regiões economicamente carentes de forma eficiente, direta e barata.

Certamente, diversas questões sobre privacidade e liberdade estão relacionadas. Algumas válidas, outras usadas como argumento por intermediários que preferem proteger o *status quo* do sistema atual. Trataremos disso mais à frente.

Por hora, é preciso saber que as moedas digitais soberanas serão o principal motor da maior transformação do sistema econômico e financeiro da história. E nós faremos parte dela.

Simulação de ambientes econômicos digitais

A empresa NVIDIA, uma das maiores fabricantes de *hardware* para inteligência artificial, criou o ambiente virtual chamado Omniverse. A intenção é emular o universo físico de tal forma que o virtual possa se tornar mais real do que a própria realidade.

A frase grifada só faz sentido se percebermos que o mundo físico é carente de informações. Portanto, ainda há inúmeros dados a serem descobertos para que se tenha conhecimento amplo da realidade econômica do nosso contexto.

Ambientes virtuais permitem que arquitetos, designers e engenheiros criem diversas réplicas digitais para construírem ambientes completos e realizarem experiências virtuais ilimitadas.

Os dados de agentes econômicos do mundo físico, capturados através de *smartphones*, IoT, *wearables,* entre outros, podem ser integrados ao ambiente virtual. E assim, possibilitarem simulações fidedignas das interações e dos comportamentos desses agentes replicados.

> *Tal dinâmica gera novos dados difíceis de serem capturados e experimentados no mundo físico, tornando o virtual mais real do que a própria realidade física.*

Uma das possibilidades que se abrem com a criação de ambientes virtuais é a de realizar orquestração econômica em nuvem, testando os mais diversos cenários de uma maneira que jamais seria viável no mundo real.

Réplicas digitais com IA complexa e adaptativa permitem prever como os agentes reagiriam frente a incentivos comportamentais, que podem ser submetidas a todos os estímulos.

Oferecem um potencial revolucionário na verificação de mudanças sistêmicas, que podem afetar toda uma sociedade por ser um experimento realizado em sistema fechado. Porém, livre de modelos (*modeless*), e com controle absoluto sobre todas as variáveis.

> *O movimento de digitalização e a revolução da inteligência permitem que sistemas complexos e baseados em agentes sejam implementados através de aprendizado reforçado.*

Suas redes de políticas de recompensas podem analisar e incentivar jogos colaborativos onde o comportamento dos agentes sigam em direção à abundância econômica.

Uma orquestração econômica proporcionada pelas máquinas nunca imaginada antes pode permitir que países e empresas implementem economias mais saudáveis e sustentáveis.

Perceba que não se trata de usar a inteligência de máquina para aumentar a produtividade em modelos industriais. Mas, de habilitar países que usam massivamente essas tecnologias a seguirem o Modelo de Crescimento Econômico Exponencial.

Talvez não seja fácil imaginar toda uma economia funcionando de forma orquestrada e colaborativa em prol de objetivos comuns. Mesmo que sejam de humanização e sustentabilidade.

Conseguiremos enxergar alguns desses movimentos acontecerem, mas sabemos que eles são difíceis de serem reproduzidos em mercados maiores.

> *A simulação digital facilita o teste de economias de qualquer tamanho. E deve se tornar uma ferramenta importante para a implantação de novos modelos econômicos em cidades inteligentes e regiões do futuro.*

Com a tecnologia, erros que seriam irreversíveis se tornam inócuos para uma máquina caso aplicados em seres vivos. Então, conseguimos fazer simulações para descobrirmos como sistemas reagem em diferentes cenários com diferentes comportamentos de agentes. Para assim, validá-los e confrontá-los aos pressupostos de agregados de oferta e demanda.

Em um modelo computacional com aprendizado reforçado, o humano não comanda sua execução. Por mais que incentivos comportamentais e orquestração econômica pareçam um paraíso para um controlador tirano.

Mas, podemos direcionar e definir os limites de ação – chamados graus de liberdade – para garantir sua segurança. É uma espécie de delegação da execução para as máquinas guiadas aos objetivos humanos, como o *ballet* de drones no deserto.

> *Trazer a clareza de que nós devemos usar e direcionar tamanho poder tecnológico é um dos maiores desafios dessa geração. É preciso alertar e ao mesmo tempo quebrar mitos.*

São desafios que passam pela mudança de mentalidade sobre o papel da tecnologia na economia. E portanto, pela educação tecnológica que refletirá na cultura social das próximas gerações.

A complexidade de um sistema econômico não é muito diferente da complexidade de um computador. Ambos sofrem *updates* de tempos em tempos. Quanto mais digital, mais rápido e preciso o *update* acontece.

A simulação digital é uma ferramenta que avança a passos exponenciais. E logo poderemos simular economias inteiras para aumentar a materialidade e a clareza dos benefícios de uma economia orquestrada pelas máquinas ao som da música humana.

Dessa forma, talvez os adultos da geração de transição ainda poderão viver a prosperidade gerada pela Economia Exponencial.

Desafios da Geração de Transição

Como vimos, um modelo econômico de crescimento exponencial (ou tecnológico) entra em conflito com um modelo econômico de crescimento linear (ou industrial). Principalmente por causa da desmonetização de mercados motivadas pelas disrupções tecnológicas.

> *O que acontece de um lado do mundo não demora a chegar e a impactar no outro a uma velocidade que tende a aumentar com a chegada do 5G.*

Contudo, apesar de toda a conectividade, empresas e governos ainda analisam a economia usando pressupostos da Era Industrial. As organizações competem de forma desordenada.

Nisso, os governos não conseguem atender as necessidades do cidadão.

Não há como analisar a economia como um todo. Mas, a situação começa a mudar quando se percebe a dimensão dos dados captados em tempo real no mundo industrial.

Por exemplo, o chamado Pix. É um meio de pagamento eletrônico adotado pelo Brasil para realização de transações eletrônicas de forma instantânea. O nome escolhido não é nenhuma sigla, mas um termo que remete a conceitos como tecnologia, transação e *pixel*.

A ideia é ser tão simples como um bate-papo em redes sociais. E, apesar de ainda não ser uma criptomoeda soberana, o Pix começa a permitir que as transações sejam analisadas de forma integrada.

Então, é um primeiro passo para que o Banco Central do país possa ter a capacidade de analisar informações utilizando inteligência artificial. Bem como enxergar os cenários macro e microeconômicos de maneira mais detalhada e realista.

> *A inteligência artificial abre inúmeras portas, sendo uma nova camada de inteligência que permite o avanço não só da capacidade de previsão e diminuição de incertezas, mas também da forma como enxergamos a própria economia.*

Nosso pensamento econômico foi construído com base em modelos abstratos. Ou seja, longe da realidade. Mas, não precisa haver modelos com a inteligência artificial.

É possível entender o comportamento dos agentes e determinar políticas de incentivos de uma forma que os humanos não sabem como fazer.

Ela pode ajustar os sistemas econômicos de acordo com os objetivos determinados por valores humanos. Essa sim é a grande questão a ser discutida. Quais são os objetivos humanos que devem nortear uma economia guiada pela tecnologia?

> *Estamos prestes a experienciar uma quebra de paradigma do modelo vigente. Não há limites técnicos para a criação de novos modelos econômicos em um mundo digitalizado.*

O mundo industrial está acostumado com absolutas incertezas e dificuldades de previsões. Justamente por supor como os agentes moldados através do *Homo Economicus* se comportam em cada ambiente. Sem a capacidade de experimentação ou simulação.

Em uma sociedade hiperautomatizada e hiperconectada, temos uma captação massiva de dados que o modelo econômico tradicional não tem. Uma pluralidade de comportamentos vem à tona. Agentes com medo podem competir mais. E agentes seguros podem colaborar mais.

Cada situação requer incentivos diferentes e difíceis – ou impossíveis – de serem implementados se usados os parâmetros de pensamentos do mundo industrial.

> *As grandes empresas de tecnologia entendem mais o que está acontecendo na economia do que os próprios governos.*

Isso as torna mais resilientes e adaptáveis, mudando nossa forma de enxergar seu papel na economia. Empresas de grande sucesso, como a Amazon, fortalecem seus ecossistemas para criarem incentivos internos. Assim, promovem o equilíbrio entre competição e colaboração em toda sua rede de fornecedores. Um sinal de orquestração econômica eficiente.

Um dos objetivos da Amazon é conseguir entender o usuário a tal ponto que tenha o poder de antecipar a venda de um produto antes mesmo dele saber que precisa comprar. O produto é enviado e o usuário decide se compra ou se devolve sem custos.

Nesse momento, a Amazon terá entendido o comportamento do agente (usuário-consumidor) de forma detalhada o suficiente para que clientes, fornecedores e prestadores logísticos possam transacionar sem arcar com os custos adicionais da ineficiência.

Uma preocupação com a eficiência que o mundo digital traz está na cadeia de produção automobilística. Quando essa gigante indústria surgida há mais de um século for substituída pelos carros autônomos, provocando desmonetização devido a diminuição de acidentes, manutenções e salários de motoristas, como os países e as empresas mais frágeis se adaptarão a essa transição? Principalmente aqueles que não conseguem emitir moeda como estímulo indefinidamente?

Talvez os carros autônomos sejam a maior representação da hiperautomatização e hiperconectividade atualmente. Porém, não estão sozinhos.

> *A substituição de diversos trabalhos intelectuais faz com que os modelos de pensamento econômico tenham que funcionar com novos parâmetros.*

Nesse momento conturbado de transição, alguns paralelos podem ser feitos com a situação mundial de um século atrás e usados como aprendizado.

Em 1920, o mundo saía de outra pandemia, a da gripe espanhola. E a eletricidade começava a proliferar, proporcionando o surgimento de vários novos negócios – *startups*.

No enfrentamento da crise criada pela Covid-19, a humanidade vislumbra que a inteligência artificial se torne a nova eletricidade. Ela vai entrar em todas as esferas de negócios para fazer tudo com uma nova camada de inteligência.

Não existirão países e empresas que não usem inteligência artificial para melhorarem suas economias. Ela vai estar inserida no nosso cotidiano. Nenhuma organização que deseja ser perene poderá deixar de acompanhar esse desenvolvimento.

No futuro não existirão negócios sem inteligência artificial. E a nossa racionalidade será uma extensão da racionalidade de máquina.

Veremos a descentralização do mercado financeiro com o movimento DeFi (finanças descentralizadas). E o uso amplo de *Smart Contracts* e *Blockchain* que provocarão fortes movimentos de desmonetização, trazendo grandes consequências para os mercados.

Tecnologias que proporcionarão a eliminação massiva de intermediários exigirão uma nova configuração dos postos de trabalhos. São mudanças de paradigmas econômicos que farão repensarem as formas de distribuição de riquezas.

A produtividade depende de capital e de trabalho nos modelos industriais. Mas, no modelo tecnológico a produtividade dependerá somente da própria tecnologia.

A maneira com que o crescimento econômico é medido não representa adequadamente os efeitos de deslocamentos simultâneos e positivos das curvas de oferta e demanda provocados pelas tecnologias. Sem capturarem o efeito da inovação e da disrupção na economia.

Economistas não conseguem capturar esses movimentos enquanto estão focados em políticas públicas ou estratégias corporativas industriais.

Não conseguem acompanhar o pensamento exponencial, pois o mundo cresce e muitos países e empresas ficam para trás.

Portanto, essa não deve ser uma discussão restrita a tecnologistas. Nem a economistas. Ela tem que se estender a todos os tipos de profissionais, empresas e camadas da sociedade .

Veremos nos próximos capítulos como aplicar a Economia Exponencial em organizações de qualquer tamanho. Seja na indústria de petróleo ou no varejo. Seja B2B ou B2C. Bem como na área de marketing ou na área de pesquisa científica.

Assim, poderemos discutir os movimentos que estão reformulando não só a forma de fazer negócios na economia, mas até mesmo quem nós somos. E consequentemente, quem serão os colaboradores e os consumidores das organizações do futuro.

O modelo industrial de competição entre sistemas (biológicos e artificiais) não fará mais sentido. As tecnologias exponenciais irão nos colocar no caminho para criarmos a economia abundante, eficiente, humana e justa que queremos.

> *Quanto mais máquinas fizerem funções econômicas, mais poderemos nos afirmar como humanos, pautando nossas ações para o desenvolvimento positivo e criativo, direcionando o trabalho das máquinas conforme nossos valores.*

Em outras palavras, poderemos sair de um modo de vida baseado em sobrevivência para um modo de vida baseado em criação, uma das propostas do *Burning Man*.

O poder de direcionamento e criação é o que nos distingue das outras espécies animais. Tal como será também o que vai nos distinguir das máquinas. A humanização é uma característica da nossa espécie, pois nossos sensores biológicos nos tornam únicos no universo.

As máquinas até podem imitar nosso comportamento, mas a falta do aparato biológico evolutivo não permite que sejam capazes de ter a mesma sensibilidade ao interagir com o ambiente. E portanto, de terem os mesmos sentimentos humanos.

As lideranças precisam ser tocadas por esse novo modelo de pensamento econômico exponencial para que as próximas décadas tragam a prosperidade econômica que almejamos.

A educação tecnológica deve fazer parte da agenda de todas as organizações. Não para formar novos programadores ou cientistas de dados, mas para formar pessoas capazes de direcionar a tecnologia de acordo com os valores e propósitos humanos.

Os desafios da geração de transição podem ser mais humanos do que técnicos. A tecnologia se tornou uma via de mão dupla que vai ajudar a iluminar ainda mais nosso caminho para a Economia Exponencial.

PARTE 3

ARQUITETURA DE ABUNDÂNCIA ECONÔMICA

Como falar de abundância em um país de escassez?

"Os loucos anos 20" do século passado ficaram conhecidos dessa maneira porque no início daquela década foi registrado uma prosperidade e um crescimento econômico generalizado.

Aquele período era impulsionado principalmente pela distribuição em escala de eletricidade, mais o fim da crise humanitária gerada pela gripe espanhola.

Um ambiente que possibilitou a realização de inúmeras ideias engargaladas dos anos anteriores. Ideias são ativos imateriais, concretizadas através de inovações, que por sua vez otimizam e criam mercados.

O efeito da inovação na economia é um deslocamento positivamente simultâneo na curva de oferta e demanda. Por exemplo, quando a Uber surgiu, aumentou a oferta de carros na rua. E também da demanda de passageiros que tiveram acesso a um serviço mais barato e melhor.

Nos acostumamos a chamar esses movimentos de disrupção, porque eles perturbam a ordem natural dos mercados, criando deslocamentos não previstos por economistas. Seja dentro dos governos ou das empresas.

No início do século passado, houve uma euforia por causa do advento da eletricidade. E era possível imaginar que ela traria grandes impactos. Mas, também era difícil prever como isso iria acontecer em termos econômicos.

O fim da pandemia causada pela Covid-19 pode ser visto como um paralelo com esse período. E a inteligência artificial está se revelando a nova eletricidade.

Diferentemente do século passado, as ideias já nascem digitais e sua velocidade de implantação passa a ser exponencial.

Na economia industrial, as ideias são utilizadas dentro dos mercados. Já na economia de base tecnológica, elas têm o poder de refazer a própria economia, ultrapassando as fronteiras dos modelos ensinados nas universidades.

As moedas digitais soberanas e a descentralização do mercado financeiro têm chances de se tornarem normas ainda no final dessa década, reconstruindo a economia como conhecemos.

Mas, nos próximos anos ainda vamos continuar assistindo ao conflito entre modelos econômicos industriais e modelos tecnológicos.

Em um modelo industrial, alguns preferem focar a inovação na proteção intelectual. Contudo, em um modelo tecnológico, o que conta é a implementação.

> *Ganha quem tiver maior capacidade de implementar algo da enxurrada de ideias que estão fluindo no mundo todo e se espalhando rapidamente.*

Ray Kurzweil prevê que na próxima década haverá mais inteligência artificial do que inteligência humana no planeta. O que vai acontecer com países e empresas que usarão isso a seu favor?

A década de 2020 deverá ser conhecida como "os novos loucos anos 20". Só que a digitalização da economia fará com que a velocidade e o impacto do avanço sejam exponenciais nessa releitura.

As transformações globais devem causar impactos ainda maiores nos países emergentes. Desta forma, o Fórum Econômico Mundial propôs caminhos para que esses países possam fazer a transição através da implantação de programas de liderança tecnológica.

Países como o Brasil deverão criar agendas para implementarem ideias globais a seu favor. Ou serão inapelavelmente engolidos por elas. O primeiro item da lista de sobrevivência nacional é um comprometimento evidente com a própria agenda.

Em seguida vem a necessidade de criação de uma estratégia, utilizando modelos operacionais integrados para introduzirem tecnologias como Internet das Coisas, Inteligência Artificial e Biotecnologia nas infraestruturas sociais e econômicas. Isso impulsionará e ampliará a formação do pessoal qualificado em todas as áreas de conhecimento.

Em uma pesquisa de 2019, o Banco Mundial perguntou para agentes do setor público e privado do Brasil quais eram os maiores riscos para o futuro do país.

O risco "disrupção de base tecnológica" apareceu em quarto lugar. Apenas perdendo para problemas históricos como criminalidade, desemprego e desigualdade de renda. Isso mostra que o alerta já foi acionado.

> *Não se trata mais de integrar tecnologias às áreas de conhecimento, mas de transformar as próprias áreas de conhecimento em áreas de base tecnológica.*

No relatório de 2020 sobre o futuro dos empregos, o Fórum Econômico Mundial mostra que grupos de profissões como as de pesquisador e engenheiro migrarão para grupos como cientista de dados e especialista em computação na nuvem, respectivamente.

Pensar sobre a Economia Exponencial que estamos vivendo não está restrito aos economistas. Um legislador que cria uma lei de incentivo ou um CEO que toma uma decisão de investir em inovação também produz impactos na economia.

O pensamento econômico precisa ser renovado para ganhar um banho de tecnologia em todas as esferas de liderança. Pois, será isto que vai determinar quais países e empresas sairão vencedoras dessa "louca década de 2020".

> *Estamos vivendo transformações constantes, com as quais nosso modelo de pensamento desenvolvido antes da aceleração exponencial da tecnologia não sabe lidar.*

É possível que você já tenha ouvido falar de algumas consequências do uso de telas sobre a saúde mental. Ou visto movimentos de resistência antitecnologia.

O fenômeno é bastante compreensível quando estamos no meio do conflito sofrendo na pele todas as angústias derivadas das incertezas de um mundo em constante transformação.

Porém, o avanço tecnológico vai continuar. Não sem traumas, mas sem volta. Se você não pretende se isolar em retiros de meditação – como já tive oportunidade de fazer algumas vezes – será melhor se adaptar à nova velocidade de mudanças.

A velocidade das mudanças é decorrente do atual nível que atingimos com o avanço da ciência e da tecnologia. Agora de modo exponencial. E é ela que muda o jogo econômico. Embora caótica e carente de educação adequada que nos prepare para esse evento.

> *Para falar de abundância em países que só enxergam (e vivem) a escassez, é preciso entender, ensinar e chamar outros líderes para jogar o novo jogo exponencial.*

Ciência, Tecnologia, Educação, Jogos e Caos

Quando eu ainda estava fazendo o mestrado em finanças, um professor pesquisador quis avaliar a capacidade da turma em calcular desvio padrão na mão.

Eu pensei: "Quem no mestrado não é capaz de fazer um cálculo de desvio padrão? Não seria melhor usar o tempo em sala para entender as melhores formas de aplicar desvio padrão em casos reais?".

Mas, ele insistia em aplicar os exercícios básicos aos alunos-profissionais. Já que as regras da instituição de educação o obrigavam a fazer daquele jeito.

Minha única saída foi buscar outra disciplina que tivesse uma discussão científica mais aplicada ao mundo digital, onde as ferramentas fizessem os cálculos para os humanos e nós usássemos nossa criatividade para criar soluções.

Faz parte do desenvolvimento do pensamento científico entender a lógica-matemática. E não somente a mecânica-matemática. Inclusive para poder questionar a própria ciência. Embora por vezes a burocracia do ambiente acadêmico nos faça esquecer disso.

Quando você utiliza no seu dia a dia ferramentas de inteligência artificial para criar redes neurais e gráficos sofisticados de associação de dados, suas possibilidades são tão grandes que você não vai querer perder um minuto sequer em sala de aula com aquilo que não traga valor para o conhecimento. Algo que atualmente tem a tecnologia como base de formação do pensamento.

O físico e matemático Conrad Wolfram, da Universidade de Cambridge, diz que oitenta por cento do que se aprende nas aulas de matemática não serve para nada. Ele criou o método chamado "Matemática baseada em computação". E consequentemente, a computação da IA se torna uma extensão da racionalidade humana.

Já está acontecendo com a geração de estudantes atuais. Eles são os próximos cientistas que irão conversar com as máquinas para criar soluções que os cientistas anteriores não tinham possibilidade de criar nas pranchetas.

> *Assim como está acontecendo na educação, obrigada a rever o que é útil para os humanos aprenderem no futuro, a economia idealizada nos países e nas empresas também precisará ser revista e reorganizada.*

Falar em prancheta me faz lembrar de técnicos de esportes como futebol, basquete e beisebol que estão as abandonando em favor das telas de *Ipads*. Isso para utilizar cada vez mais a captação de dados digitais em campo para saírem vencedores em seus campeonatos.

Os biossensores nos corpos ou ao redor dos atletas permitem novas formas de analisar suas performances, criando uma espécie de *feedback-loop* para realizar ajustes em tempo real. Além dessa visão estratégica adquirida com a captação de novos dados digitais.

Esse é um exemplo de utilização de tecnologias exponenciais literalmente como *game changer*. Isso ajuda a imaginar o quanto ainda podemos melhorar na economia na medida que criamos réplicas digitais, utilizando o poder da inteligência de dados para aumentarmos a performance em todas as áreas da economia.

Um técnico de esporte tem um certo controle sobre a estratégia do seu time, mas não tem nenhum controle sobre o que o time adversário vai fazer. Podemos dizer que cada time é um sistema independente. Para um ganhar, o outro tem que perder. É um jogo de soma-zero ou ganha-perde.

Você já deve ter ouvido alguém dizer que tinha uma proposta ganha-ganha no meio dos negócios. Mas, como fazer isso

ARQUITETURA DE ABUNDÂNCIA ECONÔMICA • 109

legitimamente em um ambiente de sistemas independentes e competitivos?

Nas ligas esportivas, assim como na economia, há instituições superiores que ditam as regras e atuam em caso de litígio para evitar disputas desleais. Porém, são estruturas com a missão de fazer apenas com que a competição flua adequadamente.

Não existe esforço colaborativo e sistêmico para tornar o campeonato de fato um ganha-ganha contínuo.

É assim que os seres humanos, sistemas biológicos independentes, veem o jogo da vida com todas as suas variáveis, limites físicos e temporais.

A natureza também tem uma espécie de economia que nos faz competitivos. Evoluímos até o ponto onde aprendemos a perceber e racionalizar nossos gargalos, mas não conseguimos resolvê-los.

Na área de ciências comportamentais, já catalogamos cerca de duzentos vieses e heurísticas que funcionam como atalhos mentais para nos salvar quando temos que tomar decisões de sobrevivências, do tipo fugir ou lutar.

Os mesmos mecanismos que nos salvaram durante a evolução. Contudo, eles nos impedem de ter uma visão sistêmica e de longo prazo, que poderá garantir a perpetuidade da nossa espécie no planeta.

Daniel Kahneman, conhecido como um dos maiores cientistas da sua geração, disse certa vez que o fato dele conseguir identificar e mapear seus vieses cognitivos não o impedia de continuar sendo um humano irracional.

É possível identificar as diferenças entre um comportamento racional ou não racional com experimentos do tipo estímulo-resposta quando estudamos os vieses cognitivos-comportamentais, usando as ferramentas de um psicólogo. Mas, não sabemos qual mecanismo interno causou o comportamento viesado.

Melhoramos o mapeamento digital desses mecanismos na neurociência à medida que conseguimos digitalizar os estímulos elétricos.

Entretanto, podemos ver claramente a formação de vieses através dos algoritmos implementados e dos dados utilizados somente na construção da inteligência artificial.

> *Isso faz com que os sistemas de IA ajudem a desvendar, por analogia, como os sistemas biológicos podem funcionar.*

Para a IA, os processos cognitivos são meras redes de associações, mais ou menos sofisticadas, capazes de calcular 2+2 ou de criar consciência.

A economia mundial criada pelos humanos segue em grande parte o modelo replicado da natureza. Ou seja, limitado pelas fronteiras dos nossos sistemas biológicos com validade média de 80 anos até sua extinção. Um período irrelevante para a natureza.

Com o que conseguimos observar até aqui, pudemos formular teorias como a Teoria dos Jogos e a Teoria do Caos, que explicam as dinâmicas que acontecem na economia com sofisticada precisão matemática. Porém, não justificam os solavancos que acontecem durante as intervenções e inovações humanas.

O pesquisador e ganhador do prêmio Nobel Herbert Simon investigou os limites da racionalidade humana na economia. E nisso, propôs os primeiros sistemas computacionais autônomos para tomada de decisão.

Ele viria a se tornar um dos pais da Inteligência Artificial. O que ilustra bem como grandes pensadores já enxergavam a possibilidade de corrigir os desvios da economia utilizando a racionalidade de máquina.

Nas dinâmicas de grupo que utilizam a Teoria dos Jogos para ensinar aos líderes-gestores as diferenças entre as estratégias de um jogo competitivo e as de um jogo colaborativo, normalmente são distribuídos dois cartões com cores diferentes para cada participante. Cada um representando uma das estratégias. Dois participantes são colocados frente a frente e precisam mostrar os cartões simultaneamente.

Se um optar pela estratégia competitiva e o outro optar pela estratégia colaborativa, o primeiro sairá vencedor pela soma de todos os pontos. Caso ambos os participantes optem pela estratégia competitiva, nenhum participante somará pontos. E, finalmente, caso ambos optem pela estratégia colaborativa, os dois dividirão os pontos.

> *Em jogos colaborativos, um jogo binário cria a crença de que um dos dois lados terá que perder. Ou ganhar menos. O que é a mesma coisa.*

Mas, não é assim que a matemática colaborativa de sistemas funciona. Pelo contrário, a colaboração soma mais valor a cada parte. E portanto, a cada participante do sistema.

É preciso criar mecanismos de transparência para aumentar a confiança, diminuir incertezas e tentar evitar solavancos acerca de uma economia baseada em política na qual as regras são determinadas pelas ações e forças das relações humanas.

Já em uma economia baseada em ciência, na qual as regras podem ser determinadas pela observação empírica (digital) das relações humanas, a transparência se torna um requisito. A confiança, uma consequência. E as incertezas e solavancos, gerenciáveis por inteligência de máquina.

Estamos no caminho de digitalizar toda a economia. Porém, por enquanto temos apenas ecossistemas menores. Como setores e organizações altamente digitalizadas se tornando sistemas digitais colaborativos capazes de crescerem exponencialmente.

As maiores empresas de tecnologia do mundo criaram plataformas que permitem aos participantes acessarem ecossistemas de colaboração onde cada um é remunerado pelo valor adicionado à rede.

O termo ecossistema vem da ecologia. E define um grupo de elementos (vivos e não vivos) interconectados que interagem como um sistema. As plataformas tecnológicas viabilizam a orquestração econômica de sistemas modernos.

> *Como sobreviver a transição para a Economia Exponencial? Sai na frente quem lidera os movimentos de colaboração.*

Por exemplo, a Amazon conectou as cadeias de varejo para levar a elas a sua cultura de obsessão pelo cliente. Justamente para que cada pequeno produtor e revendedor dono de estoque possa fazer parte da mesma visão e cultura implementada pela empresa.

A Microsoft se reinventou quando decidiu adicionar serviços de código aberto à sua nuvem e adquirir a empresa de colaboração de código GitHub, recuperando a credibilidade com a comunidade de desenvolvedores de tecnologia.

O que esses casos têm em comum é a liderança da colaboratividade, criando plataformas e ecossistemas que permitem uma orquestração otimizada de funções sistêmicas dentro de setores da economia.

À medida que a tecnologia avança exponencialmente, nossa capacidade de observação e de visão sistêmica aumenta. Ou seja, podemos enxergar novas partes e suas interconexões. Bem como os impactos propagados pelas mudanças de estado de cada uma delas, buscando o aumento da eficiência e o valor do sistema como um todo. E consequentemente, de cada parte.

Se no mundo analógico precisávamos criar abstrações para imaginar como os sistemas se comportariam nas incertezas, devido à ausência de dados, no mundo tecnológico ainda estamos aprendendo o que fazer com a explosão massiva deles. Principalmente em virtude da digitalização da economia.

A Matemática da Colaboratividade

Talvez você já tenha ouvido os termos "capitalismo consciente" ou "capitalismo 3.0". Em 2019, a associação Business Roundtable, que reúne as maiores empresas e bancos americanos, com movimento anual de mais de US$7 trilhões juntos, expressaram o compromisso de "não ter o lucro como seu maior propósito".

Não é que CEOs de bancos estejam repensando o modelo capitalista e queiram mudar para um modelo socialista. É matemática, à qual nenhum capitalista vai virar as costas.

A matemática da colaboratividade demanda a criação de modelos capazes de tangibilizar os ganhos em rede. Parece apenas um discurso. Mas, não é. É estratégia de sobrevivência no longo prazo. Pura e simples.

A sigla em inglês ESG (traduzido como Ambiental, Social e de Governança, em inglês) passou a fazer parte da agenda empresarial, que engloba métricas para avaliar o desempenho em responsabilidade e sustentabilidade.

São empresas que consideram a criação de valor econômico – consequentemente social. Pois, dão mais retorno para os acionistas, fidelizam seus clientes e se mostram mais resistentes às crises. Além do lucro financeiro. A Amazon, com seu ecossistema de inovação, sem dúvida se tornou o maior símbolo nesse sentido.

Em um (eco) sistema – como o econômico – a colaboração apresenta resultados melhores do que a competição. O desafio está em fazer com que os elementos fluam em harmonia, um complementando o outro e nenhum impedindo o progresso alheio. Igual o harmônico *ballet* de drones do *Burning Man*.

A competitividade geralmente é relacionada com as estratégias de sobrevivência. Intrínsecas aos seres vivos. Competir para se manter vivo é algo alegado pelo nosso egoísmo genético. Assim, nossa intuição faz parecer que o altruísmo (colaborativo) é uma estratégia desfavorável.

Richard Dawkins, autor do livro *O gene egoísta* defende que todos os organismos não passam de uma máquina de sobrevivência genética. Entretanto, segundo suas teorias, a competitividade egoísta e a colaboratividade altruísta são dois lados de uma mesma moeda.

Lados que precisam ser analisados de maneira mais ampla para serem percebidos. Ou seja, como um sistema. Segundo Dawkins, toda espécie tem como finalidade última a perpetuação.

E para isso, são utilizadas táticas egoístas e altruístas. No caso tanto faz, basta apenas se manter no caminho evolutivo da existência do gene.

> *Na economia, a combinação perfeita entre colaboração e competição deverá ser uma via pavimentada pela tecnologia.*

Nós queremos uma economia mais humana, altruísta. Mas, não sabemos implementá-la. O limitado tempo de vida da nossa espécie não nos permite enxergar o que pode acontecer no longo prazo.

Há inclusive uma frase bem famosa de Keynes, um dos maiores economistas do século passado: "No longo prazo todos estaremos mortos". Frase essa que evidencia um viés bem conhecido pelos economistas da linha comportamental.

No fim do dia, os negócios e os mercados são estruturados por pessoas, com pessoas e para pessoas. Hoje existem linhas de ferramentas, como a de *People Analytics*. Especialmente desenvolvidas para avaliarem como os colaboradores, fornecedores e a comunidade estão reagindo aos negócios.

> *A inteligência comportamental digital obtida pelos algoritmos de IA pode aumentar a humanização da economia.*

Para isso é preciso analisar variáveis que têm relevância para os humanos e que ficam invisíveis nos modelos de negócios atuais. Contraintuitivamente, a máquina será capaz de humanizar mais a economia do que o mero desejo humano.

Não é somente uma questão de ser ou não altruísta. No mundo conectado digitalmente, a matemática da colaboratividade fica mais evidente. E passa a representar oportunidades de investimentos para alavancar estratégias de negócios.

Fica mais claro que existe muito dinheiro deixado na mesa quando um terço da população mundial está fora dos mercados. Uma quantidade imensa de pessoas que poderiam estar consumindo produtos.

> *Empresas do mundo digital querem discutir questões como redistribuição de renda. É assim que uma economia hiperconectada poderá gerar mais lucro e perenidade.*

Peter Thiel, cofundador do PayPal e um dos primeiros investidores do Facebook, escreveu no seu livro *Do zero ao um* que o melhor modelo de negócio digital era aquele que conseguia se diferenciar a ponto de se tornar um monopólio técnico.

A grande vantagem é que sistemas de monopólio não precisam competir por preço. Portanto, podem investir continuamente para criarem valor em toda a sua cadeia de produção. Um mercado monopolizado pode se dar ao luxo de sair do jogo competitivo e entrar no jogo colaborativo.

Todos sabemos os defeitos dos monopólios. Eles são conhecidos por se tornarem obsoletos devido à falta de incentivos que a competição traz. Mas, se a economia fosse de fato um grande sistema digital, não poderíamos encontrar outras formas de incentivos? Diferentes da competitividade cega e desordenada?

Talvez esse seja o momento ideal para nos questionarmos: a competição ainda é a melhor forma de incentivo em um mundo hiperconectado e digital?

O pressuposto de que as forças dos mercados financeiros controlados pelos nossos interesses humanos de curto prazo podem ser racionais e eficientes já foi confrontado por estudiosos de economia comportamental. Como Daniel Kahneman e Herbert Simon.

Uma arquitetura na Era da Inteligência precisa considerar as ferramentas tecnológicas e também as características humanas. Para que sejam somadas e possam gerar os incentivos adequados para nos levar aos objetivos que queremos atingir.

As iniciativas humanas caminham na direção de sobrevivência. Ou melhor, a de passagem dos genes adiante. A estratégia evolutiva merece ser estudada para nos ajudar a entender a economia de forma também evolutiva. Há todo um campo de estudos focado nessa teoria, chamado de "Darwinismo econômico".

Nele, um processo evolutivo é estabelecido para entender como as forças em jogos competitivos e colaborativos são relacionadas. É feita uma "seleção econômica" através de tentativa e erro, onde o comportamento atual leva a recompensas diferentes.

Quando um comportamento produz uma recompensa baixa, ele é incentivado a ser substituído por um comportamento arbitrário, de recompensa alta. É uma "mutação" do comportamento econômico dos agentes.

Qualquer semelhança com o aprendizado reforçado utilizado na inteligência artificial – e sua rede de políticas de recompensas – não é mera coincidência.

Os estudiosos do Darwinismo econômico defendem que a mutação do comportamento cria um tipo de "equilíbrio evolutivo". E este é mais eficiente do que o equilíbrio de Nash – aquele mesmo do filme *Uma mente brilhante* que fundamenta as estratégias competitivas da teoria dos jogos.

Com a revolução tecnológica, a digitalização e a criação ampla de réplicas digitais podem ser facilitados e implementados através de algoritmos de inteligência artificial chamados de "algoritmos genéticos". Conjunto dos testes para entendimento dos diversos mecanismos de sobrevivência genética.

Podemos obter análises mais acuradas através de programas de computador que coletam dados reais e testam comportamentos dos agentes em cenários específicos.

A dificuldade do mundo industrial e analógico em obter dados detalhados para comparar os benefícios sistêmicos da colaboratividade vem sendo quebrada.

Quanto mais o mundo é digitalizado, mais a economia se torna conectada e automatizada. A tendência é que os experimentos evoluam de sistemas para cidades inteiras.

A digitalização supera as barreiras dos limites físicos. Assim, a matemática da colaboratividade vai se tornando mais evidente. E a arquitetura econômica passa a ser de base tecnológica.

Como vimos no capítulo anterior, a natureza matemática do Modelo de Crescimento Econômico Exponencial incentiva a conexão e colaboração pelo uso massivo de tecnologias exponenciais.

Caminho seguido pelos países e empresas que avançam no uso dessas tecnologias, graças ao incentivo à colaboração para aumentar a confiança nas relações econômicas. E consequentemente, produzir e gerar mais riqueza de recursos dentro dos seus ecossistemas.

Índices que medem a confiança na criação de parcerias internacionais para inovação mostram que executivos e empreendedores preferem começar novos negócios através de colaboração entre parceiros em países ricos e desenvolvidos. Enquanto em países pobres e em desenvolvimento, eles preferem começar sozinhos.

Sinais de que, quanto maior o desenvolvimento econômico, mais a confiança aumenta e maiores são as chances de colaboração entre os agentes.

> *Em uma economia hiperconectada, colaborar passa a ser sinônimo de acompanhar o desenvolvimento do resto do mundo.*

Uma arquitetura que gere abundância deve criar incentivos à colaboratividade sem abandonar os benefícios da competitividade de curto prazo. Temos tecnologias para sabermos diferenciar e usar o melhor de cada uma das estratégias.

Incentivos à colaboração na Economia Digitalizada

Imaginar a economia inteiramente digitalizada fica mais fácil para quem gosta de ficção científica. Não é à toa que Singularity University desenvolveu uma metodologia chamada SciFi D.I.

(*Science Fiction Design Intelligence*) para ajudar líderes a imaginarem e modelarem os possíveis cenários futuristas.

No filme *Jogador nº 1*, Steven Spielberg explora o uso de tecnologias de realidade virtual para imaginar como será o futuro em um mundo onde toda população está mais interessada em ganhar o jogo chamado Oasis do que viver suas vidas pacatas.

É um filme bem mais limitado do que suas produções anteriores do ponto de vista cinematográfico. Como a saga *Star Wars*. Mas, é um exercício interessante para exemplificar como os incentivos comportamentais podem funcionar em grande escala.

O cinema imagina um futuro distorcido, distópico, onde jogos competitivos levam inúmeras consequências negativas para o ser humano.

Já as metodologias tipo a SciFi D.I. pretendem dar o caminho para criar um futuro que parecia impossível, utópico. Mas, que pode ser construído com os incentivos a jogos colaborativos adequados.

Podemos escolher seguir um caminho ou outro. Para seguir o caminho da criação será preciso entender, pensar e planejar uma arquitetura que gere abundância econômica.

Na área de tecnologia, as técnicas de incentivos inspiradas nos jogos de videogame ganharam o nome de gamificação. Seu uso já é feito por muitas organizações que querem incentivar colaboradores e clientes a agirem de acordo com os objetivos estratégicos traçados.

O Google usa gamificação para incentivar funcionários a gastarem menos durante suas viagens. Se eles cumprirem as metas de tempo e orçamento estipulados, parte da economia feita na viagem volta para o funcionário através de dinheiro ou de outros benefícios.

São técnicas replicadas por diversas *startups* que fazem gerenciamento de viagens corporativas e agora oferecem esse serviço em grande escala.

No meio científico, os estudos das técnicas de gamificação fazem surgir inúmeros papers a cada ano que alteram as dinâmicas econômicas.

Richard Thaler, também ganhador do prêmio Nobel em economia, mostra em seu livro *Nudge: melhorando as decisões sobre saúde, riqueza e felicidade* como os incentivos através das "cutucadas" podem nos guiar para um caminho de tomada de decisão mais racional do ponto de vista da geração de bem-estar.

O uso desses incentivos podem ganhar proporções gigantescas quando toda a população, conectada através de *smartphones*, *wearables* e IoT é incentivada a agir em direção de melhores decisões econômicas. Mesmo que inconscientemente.

O direcionamento inconsciente para tomada de decisão gera muitas discussões sobre ética e liberdade de escolhas. E serve de combustível para distopias como a do romance escrito por Aldous Huxley, *Admirável mundo novo*.

A criação do conceito "liberalismo paternal" foi a maneira que Thaler encontrou para resumir sua visão. Nele, as cutucadas são utilizadas para direcionar a decisão mais saudável. Mas, ainda assim, permitem que o usuário (agente econômico) tome conhecimento e tenha a liberdade de escolher a opção menos saudável. Se assim quiser.

É uma busca pela conciliação da dicotomia entre a liberdade e a submissão a uma autoridade de controle. Mesmo que do próprio inconsciente. Tema já bem estudado pela filosofia política de Jean-Jacques Rousseau.

Rousseau teria defendido a independência do indivíduo ao estabelecer limites dentro dos quais o poder soberano poderia atuar para evitar propostas que não possam ser plausivelmente sustentadas como contribuição ao bem comum.

A questão talvez se concentre em: o que é bem comum? Economistas aprendem nas universidades que o objetivo máximo da economia é gerar bem-estar social. Nisso, outra questão surge: o que é bem-estar social?

Questões difíceis de serem respondidas quando não se têm dados nem critérios para analisarem a saúde das relações entre os agentes (pessoas e instituições). Ou quando se misturam crescimento econômico com aumento de lucro financeiro.

A tecnologia ajuda a colocar uma lupa nessas diferenças. No documentário *O dilema das redes* uma das últimas falas é a de Justin Rosenstein, engenheiro que liderou a criação do botão *Like* do Facebook.

Ele resume a questão do documentário quando diz que o problema não é a tecnologia em si. Mas, os modelos de negócios que têm o consumo como única forma de gerar lucro.

Na nossa economia, Rosenstein também diz que uma baleia vale mais morta do que viva. E faz uma comparação cruel: agora nossa atenção tem valor econômico. Portanto, nós somos as novas baleias, inseridos no oceano da "economia da atenção".

É uma reflexão dolorosa, mas necessária para lembrar que nós, humanos, ainda continuamos a ser os seus direcionadores. Mesmo com todos os avanços da tecnologia.

Há riscos atrelados à inteligência artificial que seguem a mesma lógica do dilema das cutucadas: estão mais ligados ao modelo de incentivos econômicos do que à tecnologia em si.

Hoje, podemos discutir os rumos que a tecnologia deve tomar justamente porque temos acesso aos meios de comunicação e de educação que a própria tecnologia e o avanço exponencial nos proporcionou.

> *Podemos encontrar novas formas de organizar e incentivar agentes econômicos na direção de uma economia mais colaborativa e humana. Sem deixar de lado os incentivos à produção de recursos.*

Com os avanços exponenciais chegando à economia, começamos a observar novas formas de aumentar a produção, tendo a colaboração dos agentes humanos no centro dos modelos para torná-los ainda mais eficientes.

Talvez isso seja óbvio para a Amazon, que tem como um dos mais importantes princípios a obsessão pelo consumidor. Mesmo que isso possa significar perda financeira no curto prazo. Ela conseguiu mostrar no longo prazo que tal obsessão e pensamento geram mais lucro.

Entretanto, essa ainda não é a realidade para muitas das organizações do mundo industrial, onde os humanos são apenas variáveis financeiras agregadas em oferta e demanda.

Será preciso superar medos e inseguranças de uma economia modelada para ser escassa. E caminhar para uma economia de base tecnológica, hiperconectada, hiperautomatizada, colaborativa e abundante.

Humanização da Economia, Modelos centrados em Agentes

Na natureza, cada sistema tem sua própria inteligência para encontrar uma forma de se organizar e evoluir continuamente. Mas, suas interações físicas, químicas e biológicas são praticamente "incatalogáveis".

No entanto, seu caminho evolutivo parece seguir um mecanismo comum. Um algoritmo evolutivo que cria dinamicamente uma espécie de rede de políticas (ou regras) de recompensas.

O Darwinismo nos ajudou a entender que tal rede de políticas está ligada às sensações de dor e prazer nos seres vivos. São elas que conduzem – de forma mais ou menos consciente – os organismos no sentido do aprendizado e da evolução contínua.

No mundo digital, podemos criar algoritmos de inteligência artificial para observar os mecanismos de recompensa com mais detalhes. Chamamos esse processo de aprendizado reforçado.

> *No final do dia são só zeros e uns. Porém, organizados de forma bem mais complexa do que qualquer economista humano poderia entender em dinâmicas de teoria dos jogos.*

O aprendizado reforçado se diferencia bastante dos outros métodos estatísticos utilizados na inteligência artificial. Porque precisa de um agente responsável por gerenciar a rede de políticas de recompensas em rumo a um objetivo traçado.

De forma análoga, podemos dizer que nós também temos um "agente" interno gerenciando as recompensas rumo aos objetivos traçados pela economia da natureza.

Esse agente dita todas as nossas ações. Sejam mais ou menos sofisticadas. Mais ou menos conscientes. Com mais ou menos dor e prazer.

No sistema financeiro e econômico mundial, todos os atores que se relacionam também são chamados de agentes. Podem ser eles instituições ou pessoas.

Cada um cumpre sua função de maximizar o resultado individual através dos jogos competitivos. Em geral, não se sabe como o comportamento individual de cada um pode afetar economicamente o sistema como um todo.

> *Empresas começam a utilizar variáveis comportamentais para ligar colaboratividade, propósitos e valores humanos. E assim, tornar a economia entre seus agentes mais saudável.*

O Discovery Bank é um banco de varejo com todos os produtos comuns a qualquer instituição bancária. Mas, no centro de todos os produtos e precificações financeiras o valor é: "ser mais saudável".

Sob a máxima de que perceber a importância de preservar a saúde é mudar a forma de viver e investir. Uma instituição financeira que se posicionou como o primeiro banco comportamental do mundo. Uma grande oportunidade de negócios.

Além de seus produtos usam diversas tecnologias para interagir e influenciar no comportamento do cliente. São gerados dados que podem mudar preços de produtos e decisões estratégicas da empresa.

O banco utiliza diversos sensores e dispositivos para captura de dados e aplicativos com técnicas de gamificação para incentivar usuários-clientes a interagirem com suas soluções.

Entre eles, há um dispositivo que deve ser instalado nos automóveis para capturar em tempo real o estilo de pilotagem do proprietário.

O banco cobra pelo produto com dados da realidade, ou seja, sem vieses. Ao invés de precificar o seguro veicular utilizando formulários com perguntas do tipo "homem ou mulher?".

O preço pode ser recalibrado a cada mês, fazendo com que o usuário seja incentivado a dirigir com mais cautela. Um benefício para sua saúde física e financeira, mas também uma vantagem para o banco, que pode diminuir custos com sinistros.

Outra solução do banco, embarcada no seu aplicativo, é o sistema de recompensas para poupadores e investidores. O banco incentiva através de títulos e pontos conversíveis em prêmios os usuários que atingem as metas estabelecidas.

As metas são baseadas em percentuais de rendimento, consumo, gastos, níveis de endividamento, inadimplência etc. Os casos de uso são inúmeros. Para isso precisaríamos de várias páginas do livro para falar deles.

São soluções práticas que tornam as relações econômicas mais saudáveis para instituições e pessoas através de variáveis humanas.

Capturar dados do comportamento do consumidor (humano) para entender como incentivá-lo a fazer escolhas saudáveis dentro das empresas é o início da construção de toda uma economia mais saudável.

Certamente há barreiras a serem quebradas até que uma abordagem completamente centrada no agente humano seja amplamente utilizada na economia. Contudo, a tecnologia pode acelerar esse processo.

A teoria dos modelos centrados em agentes humanos deve ser mais do que um discurso de marketing. Deve servir como uma oportunidade para mudança de paradigma do pensamento econômico, aumentando a humanização. E, ainda, para diminuir desperdícios e reequilibrar preços, como veremos a seguir.

Máquinas comportamentais, menos desperdício e reequilíbrio de preços

Nas escolas de economia e nas mentes dos consumidores estão impregnadas a famosa relação oferta e demanda. Essa é a cartilha seguida há mais de um século para determinar os preços do mercado. Mas, será que no mundo das máquinas isso pode mudar? É o que vamos analisar.

Primeiro, é importante lembrar que esses agregados econômicos – oferta e demanda – tentam representar o comportamento do mercado de forma genérica. Devido à falta de precisão dos dados individuais de cada agente. Ou seja, o comportamento das pessoas.

Por essa limitação, todos os modelos econômicos que conhecemos – micros e macros – partem da premissa de que é preciso agregar os dados, pois não conseguem representar cada agente individualmente.

> *Podemos dizer que os modelos que conhecemos e utilizamos para definir as regras econômicas da nossa sociedade são modelos não baseados em agentes (humanos).*

Talvez você já tenha ouvido falar que Facebook, Google, Amazon e Apple estão utilizando os dados dos nossos *smartphones* para analisar comportamento e enviar conteúdo "relevante" baseado nos nossos interesses. Essa é só a ponta do iceberg.

É importante saber também que na última década, dois prêmios Nobel de economia foram dados para estudos que mostraram como a percepção de valor muda. E portanto, redefine preços com base em variáveis comportamentais. Dados que desafiaram o pensamento econômico (neo) clássico.

É possível que você já esteja cansado de ouvir falar que a inteligência artificial vai mudar tudo. Mas, tudo o quê? Se a maioria dos *apps* que você instalou no seu celular são uns *chatbots* que somam dois mais dois para dizer que você está prestes a estourar seu limite de cheque especial?

Então, junte a captura de dados em tempo real, a análise da economia comportamental e o uso decente da inteligência artificial. Com isso, você terá o que se pode chamar de Modelo Econômico Computacional Baseado em Agente.

Bonito, né? Mas, não aprendemos a usar esse modelo, pois fomos doutrinados a ter o pensamento econômico clássico.

> *É possível que modelos baseados no comportamento dos agentes sejam a próxima fronteira na utilização das máquinas, redefinindo preços e reconstruindo a economia como conhecemos.*

Vamos usar um exemplo simples para ilustrar um modelo de natureza complexa.

Imagine que você é um produtor de maçãs e precise definir por quanto vai vender cada cesta de maçãs. Imagine ainda que você é um produtor muito esperto e sabe que existem vários tipos de consumidores. Por isso, você cria vários tamanhos de cestas.

Vamos supor ainda que sua produção seja de 1.000 maçãs. Seu custo seja de $1.000,00. E que você queira ter um lucro total de 25% nas vendas.

É natural que o cliente que compra a maior quantidade tenha o maior desconto. Então, você divide suas maçãs em 50 cestas de 10 que você vai vender por $12,00 (+20%). E outras 100 cestas de 5 que você vai vender por $6,50 (+30%).

Se você fizer as contas vai ver que nesse mundo ideal você vai faturar $1.250,00. Ou seja, os 25% de lucro pretendido. O único problema é que o mundo ideal não existe. Visto que nos baseamos em variações mais sofisticadas dele para precificar praticamente tudo na nossa sociedade.

Ou você acha que esse vendedor de maçãs – esperto – vai achar exatamente 50 compradores de cestas de $12,00 e exatamente 100 compradores de cestas de $6,50? Na prática alguém vai sair perdendo.

Pode ser o próprio vendedor. Já que ele não vai vender todas as cestas e verá suas maçãs apodrecerem. Ou algum comprador que teve que pagar mais caro por alguém beneficiado de um desconto oportunista. E por isso, é desestimulado a comprar mais cestas.

Em última instância, a sociedade desperdiça recursos e produz menos. Todos saem perdendo. Parece um clássico problema de teoria dos jogos. E se não tivéssemos as tecnologias atuais, provavelmente estaríamos presos nele para sempre.

Grandes inovações estão surgindo devido à facilidade que temos na atualidade de interagir diretamente com os agentes (ou usuários). O empoderamento do consumidor cria novas oportunidades para todos que sabem jogar esse novo jogo.

Analisando individualmente a interação de cada agente em tempo real podemos criar modelos de precificação baseados na percepção de valor de cada usuário-agente. E assim, rebalancear a distribuição de preços.

Esse preço pode ser justo na visão do consumidor porque parte da sua percepção de valor. Ainda, pode otimizar o lucro do vendedor já que seu produto é vendido pelo valor agregado e não somente pelo preço. Isso evita guerras de preços e sobretaxas de alguns consumidores injustamente.

> *É a real diferença entre preço e valor. Um possível ganha-ganha.*

Agora, pense em um produto que você queria comprar pela internet. Você não tem um valor que acha justo pagar por ele? Um valor que te deixaria com aquela sensação de satisfação por ter feito negócio? Todo mundo tem.

As empresas podem se libertar do pensamento econômico clássico e transformarem o usuário na principal variável dentro dos modelos de precificação. Temos tecnologia e conhecimento para isso.

> *Basta entender um pouco melhor do mundo das máquinas e fugir do senso comum. Assim, teremos negócios mais saudáveis e consumidores muito mais satisfeitos.*

Criar negócios mais saudáveis e consumidores mais satisfeitos em grande escala pode parecer complexo. Mas, até a complexidade está sendo dominada no mundo digital. Esse é o futuro que está sendo construído com a Economia Exponencial.

A complexidade de Sistemas da Economia

A economia é um grande sistema complexo e adaptativo. São tantos pontos de ação e contato em constante mutação. Algo que estudá-los individualmente seria impraticável. É preciso analisá-los entendendo a natureza complexa desses sistemas.

Sistemas complexos são formados por inúmeros outros subsistemas. Nos biológicos são fatores de transformação, evolução e adaptação constante. Por exemplo, as estruturas internas, características individuais e tipos de relações com o ambiente.

A dificuldade em capturar e verificar dados do comportamento humano fez com que os economistas trabalhassem dentro dos limites da teoria econômica moderna, como já mencionado, usando abstrações agregadas e a teoria dos jogos.

Com o avanço da tecnologia, eles agora têm uma nova e vasta gama de ferramentas analíticas sofisticadas, que podem ser empregadas para explicarem aspectos não considerados dos agentes econômicos em detalhes. Inclusive seus limites de racionalidade.

É preciso ser agnóstico a modelos para repensar a partir de uma perspectiva da complexidade adaptativa. E, portanto, resistente às teorias que derivam dos modelos abstratos criados pelo pensamento humano.

> *A cognição humana tem limites e vieses que precisam ser considerados para a complexidade da economia não ficar resumida a esses modelos abstratos. E assim, possa avançar com a tecnologia.*

A sofisticação cognitiva (ou racionalidade) dos seres humanos formou nossas atuais crenças e comportamentos econômicos. Para entender a complexidade é preciso buscar se libertar delas e adquirir um "meta-modelo" de pensamento que muda a todo momento.

Para a complexidade não importa se a teoria econômica é clássica ou neoclássica. De direita ou de esquerda. Liberal ou conservadora. De maior ou menor intervenção do governo. E nem se vem de pensadores como Keynes, Hayek ou Friedman.

A complexidade deve ser verificada empiricamente a partir de testes e simulações com dados granulares – sem agregações. E ser analisada por sistemas de inteligência artificial que utilizem abordagens sem modelos (*modeless*) com capacidade de processar um número muito grande de variáveis.

Veja a seguir um exemplo ilustrativo apresentado por Radhika Dirks, cientista fundadora da empresa Xlabs.ai, especializada em inteligência artificial e computação quântica. Ela mostra como o aprendizado de máquina cria inúmeras associações e relações complexas que seriam incompreensíveis para o pensamento humano.

São tantas as associações entre variáveis com relevância e impacto em todo sistema que abstrair em um único modelo para caber no raciocínio humano é limitar a própria inteligência de máquina.

A visão de sistemas complexos deve ser incorporada à análise de uma economia de base tecnológica. Assim, poderemos entender a economia como um sistema cada vez mais digital. E capaz de sofrer *upgrades* com mais rapidez e naturalidade.

Updates da sociedade através da Economia

A sociedade está em constante atualização. Assim como acontece com os sistemas operacionais dos computadores. Porém, ainda de forma analógica.

Grandes mudanças acompanharam a nossa evolução ao longo da história. Com o avanço exponencial da tecnologia, e a digitalização em massa, vemos surgir o fenômeno das mudanças aceleradas. Teoria criada pelo cofundador da SU, Ray Kurzweil.

Para tentar entender as transições que nos fizeram chegar até aqui, podemos dar nomes aos grandes momentos e rotular as "versões" da sociedade da seguinte forma:

1.0 Caça	Os seres humanos eram caçadores-coletores e migravam de região quando a oferta de comida se tornava escassa.
2.0 Agricultura	O cultivo de alimentos nos tornou sedentários e gerou uma explosão populacional no planeta.
3.0 Industrial	O surgimento dos motores aumentou a produção de bens de consumo, a emissão de gases e o efeito estufa.
4.0 Informação (ou digital)	O mundo inicia o processo de digitalização, as pessoas se comunicam globalmente e o poder computacional cresce exponencialmente.
5.0 Inteligência	O processamento massivo de dados com inteligência artificial proporciona soluções para combater a escassez, tornando possível um modo de vida mais inteligente, eficiente e sustentável.

Estamos vivendo um confuso momento de transição gradual entre a Era Industrial, a Era da Informação e a Era da Inteligência. Todas ao mesmo tempo.

Não existe uma faixa que marque o avanço. Assim como aconteceu com as três primeiras transições (era da caça, agricultura e industrial), cada sociedade local evolui a passos diferentes. No entanto, dessa vez temos uma diferença muito importante: toda a economia mundial está hiperconectada, física e digitalmente.

> *As interações por mídias sociais provocam mudanças de comportamento, propósitos e valores humanos de forma muito mais acelerada do que nas transições anteriores.*

O que acontece em um lugar do planeta pode afetar os quatro cantos. Vide a velocidade da pandemia, espalhada pela nossa eficiente malha aérea que permite a uma pessoa (ou a um vírus) viajar de um canto ao outro em apenas um dia.

Ou pense nas disrupções tecnológicas decorrentes de aplicativos criados no Vale do Silício. Ou ainda na China, afetando as economias locais ou empresas no Brasil, por exemplo. É um momento de maior grau de complexidade e incertezas.

A parte boa é que a hiperconectividade permitirá o sistema econômico se comportar no futuro como um sistema ou software de computador de fato, sofrendo constantes correções precisas.

Quando um software apresenta *bugs*, demandamos por melhorias e novos padrões de qualidade. Porque temos a visão do que está errado e precisa ser corrigido. Uma habilidade que não temos no nosso "sistema" econômico industrial e analógico atual.

A geração massiva de dados traz oportunidades para que o ambiente de complexidade e incertezas seja reduzido drasticamente.

Na Era da Inteligência (5.0), as máquinas poderão direcionar as melhores políticas fiscais, monetárias e de incentivos à competição ou colaboração. De forma a tornar cada parte da rede econômica uma célula de contribuição eficiente para o sistema como um todo.

Essa é a teoria de sistemas ensinada nas universidades e aplicada em ambientes menores, mas com potencial para nos levar à criação da Economia Exponencial.

O fato é que a economia de hoje está se confrontando com os desafios de transição de versões. E percebermos que a arte de fazer economia passa agora pela tecnologia pode ser a chave para nos levar à Sociedade 5.0.

Vale lembrar que a economia está na base de tudo ao nosso redor. Desde o acesso à educação e cultura para garantir nossa produtividade e competitividade, até o acesso a recursos de saúde física e mental para garantir o nosso bem-estar social.

Para ter uma Economia 5.0, precisamos dos mais modernos padrões de inovação e criatividade. Ela deve funcionar como uma verdadeira plataforma de promoção de atitude empreendedora centrada nas novas áreas do conhecimento tecnológico.

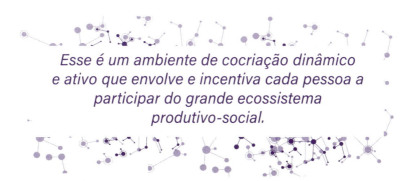

Esse é um ambiente de cocriação dinâmico e ativo que envolve e incentiva cada pessoa a participar do grande ecossistema produtivo-social.

Políticas governamentais podem ajudar, mas a Economia 5.0 não será determinada por lei. Será construída por todos os atores em uma interação livremente impulsionada por lideranças tecnológicas dispostas a quebrar as barreiras de transição do modelo industrial.

A aceleração dessa economia depende em grande parte de pessoas e instituições com compromisso ativo de desenvolvimento de competências. Para justamente construir uma agenda de confiança e excelência.

A nova vantagem competitiva está na facilidade de implantação ágil de ideias em uma arquitetura de incentivos à colaboração que permita simultaneamente sustentabilidade econômica, humana e ambiental.

O fluxo permanente de ideias gera valor em cada ponto da rede, criando um balanço entre competição individual e cooperação coletiva, onde os indivíduos podem participar como contribuintes ativos na reinvenção do sistema.

Uma economia aliada à tecnologia pode criar a plataforma que vai endereçar com precisão os problemas globais que enfrentamos.

Um novo padrão econômico é mais do que uma possibilidade, é uma necessidade individual e coletiva para todos nós como cidadãos globais.

Se superarmos as barreiras de transição industrial até uma Economia 5.0, então poderemos criar um modo de vida mais inteligente, eficiente e sustentável para chamar de Sociedade 5.0. A Era da Inteligência.

PARTE 4

E.E. NA PRÁTICA. NEGÓCIOS E CARREIRAS

A Economia da Criatividade Exponencial

Computação na nuvem. Ecossistemas colaborativos. Códigos abertos. E inteligência artificial. Graças às tecnologias, vivemos o melhor momento da história para gerarem ideias e implementá-las.

Se pensarmos no aumento do processamento computacional, e na digitalização que provocaram o rápido crescimento dos negócios nos últimos anos, fica fácil ver o surgimento de uma curva de crescimento exponencial. Mas, nem sempre ela é tão evidente.

A curva de crescimento exponencial representa, antes de tudo, um acúmulo. Seja de riquezas, tecnologias ou ideias.

A moeda britânica de duas libras traz a inscrição "Sobre os ombros de gigantes" em sua borda. Uma referência à citação de Isaac Newton sobre a importância de outros pesquisadores para que ele chegasse às suas descobertas científicas disruptivas, que ampliaram a habilidade tecnológica do mundo.

É possível que não tenha sido mera homenagem ou coincidência. Talvez parte do governo do Reino Unido já soubesse a importância da acumulação de ideias criativas para a economia.

A máquina econômica industrial funciona sob a pressão das urgências do gerenciamento de escassez. Parece que aconteceu algo mágico e inesperado quando uma ideia criativa resolve um problema.

> *Olhando de perto vemos a mágica se tornar ciência.
> E então, passar a criar os avanços que fazem a
> economia tornar o mundo mais abundante e as
> nossas vidas mais seguras e confortáveis.*

A enxurrada de ideias ao redor do mundo tem ganhado vida por meio da tecnologia, proporcionado um entendimento maior da importância da criatividade para a economia.

Em vista disso, ao invés de marginalizar áreas de pesquisa aos distantes laboratórios, muitas empresas estão dando assento estratégico aos executivos de tecnologia e inovação.

A criatividade tecnológica tem impactos reais no futuro. E requer investimento de capital. Mas, o aspecto mais importante da tecnologia é que ela permite criar inovações que impactam a maneira como vivemos, realizamos negócios e organizamos o trabalho.

A infraestrutura tecnológica que construímos até aqui nos permite enxergar um potencial de crescimento muito maior do que no passado. Isso proporciona um ambiente atraente para investir em empresas que desejam ser criativas.

Por exemplo, a computação na nuvem oferece uma infinidade de ferramentas que vêm democratizando a tecnologia e ajudando empresas criativas a combinarem soluções prontas para gerarem inovações no mercado. É a arte de criar um novo produto e adicionar valor econômico a ele.

As nuvens de gigantes, como Microsoft, Amazon e Google, mais parecem um parque de diversões para quem tem ideias e criatividade.

142 • ECONOMIA EXPONENCIAL

Novas empresas surgem todos os dias ao redor desse ecossistema e códigos abertos, que viram produtos de prateleira onde a criatividade se traduz na capacidade de combinação de partes construídas e acumuladas por outras pessoas.

> *É o melhor momento da história para ser criativo e usar essa criatividade para transformar a economia.*

Uma economia pujante incentiva a geração e a implementação de ideias inovadoras por meio de uma orquestração harmônica de instituições que ajudam a criar o balanço perfeito entre competição e colaboração.

A proteção intelectual pode incentivar inventores a monetizarem ideias antes mesmo delas serem implantadas. Porém, esse mesmo instituto atrasa o processo para que uma ideia chegue ao mercado e beneficie toda a sociedade.

Empresas como a Tesla, montadora de carros autônomos elétricos, que se tornou a quinta maior empresa em valor de mercado do mundo, optam por abrir mão de patentes em prol do poder cumulativo de ideais em plataformas abertas e ecossistemas colaborativos. Isso fortalece o ambiente capaz de gerar a criatividade exponencial.

A hiperconectividade e a hiperautomatização devem nos levar a um crescimento econômico autoincremental. Ou seja, o uso cada vez mais intenso da tecnologia nas indústrias fará nascer uma quantidade ainda maior de soluções criativas.

Soluções criativas acumuladas (digitalmente) servirão como base para que novas soluções sejam criadas a partir da tecnologia. Sem a necessidade de intervenções humanas.

> *Afinal, a mágica da criatividade se revela a partir da criação de novas associações e combinações de informações. Tarefa na qual os modelos de inteligência artificial têm se tornado cada vez mais precisos.*

O desconhecimento sobre algoritmos de inteligência artificial normalmente nos leva para a seguinte pergunta: uma máquina pode ser mais criativa do que um humano?

A OpenAI, empresa sem fins lucrativos criada por Elon Musk para realizar pesquisas abertas em inteligência artificial, afirma a resposta em seu site: "avançará na prosperidade sustentável em face do risco e das oportunidades globais".

A equipe está investindo pesadamente em inteligência artificial. E o vice-presidente de engenharia da empresa, Ben Lillie, disse que a decisão veio em um momento que a empresa deseja assumir um papel de liderança na orientação do campo.

"Na próxima década, acreditamos que surgirão sistemas de IA muito mais inteligentes e capazes do que os humanos", escreveu Lillie em um e-mail aos funcionários.

O desafio para as máquinas será ter maior flexibilidade e capacidade de aprender rapidamente em situações desconhecidas. Isso exigirá novas técnicas para permitir que o aprendizado de máquina seja executado em qualquer dispositivo, conhecido como computação na ponta (*on the edge*).

> *Não se trata da inteligência artificial, mas dos desafios de gerenciar, empregar ou mesmo fazer parte de uma comunidade de tecnologia inclusiva.*

Quando você joga um jogo, provavelmente isso não requer qualquer conhecimento de neurociência. Não demanda o conhecimento de que a mente humana é inerentemente defeituosa. Propensa a preencher lacunas de conhecimento ou fatos que nem mesmo percebemos, onde as únicas regras para pensar são aquelas pelas quais vivemos.

Esta é uma história sobre cada um de nós como indivíduos, com nossas próprias identidades, talentos e perspectivas. E do como podemos trabalhar juntos para trazer mudanças positivas em nossas comunidades.

Uma história sobre o potencial dos humanos de moldar seu próprio futuro e transformar o que é possível. Sobre como podemos construir comunidades humanas na época em que a tecnologia não é mais um espetáculo secundário, mas o principal motor de nossa sociedade.

Se você tem alguma dúvida de que as máquinas podem nos ajudar no caminho exponencial, releia os três parágrafos anteriores. Eles não foram escritos por mim, mas pelo algoritmo de inteligência artificial conhecido por GPT-3. Criado e disponibilizado publicamente através de uma API pela OpenAI.

Ele usa 175 bilhões de parâmetros para fazer o processamento de linguagem natural, o que equivale a dez vezes a capacidade do seu antecessor. Esse é o crescimento exponencial esperado para as tecnologias e negócios do futuro.

> *Uma economia tecnológica é aquela na qual a maioria das atividades econômicas, de finanças à educação, são realizadas por agentes econômicos que estão continuamente capacitados para inovar.*

A revolução tecnológica que estamos vivendo é também a revolução da inteligência, humana e de máquina, juntas. E portanto, da forma como enxergamos o papel da tecnologia, da criatividade e da inovação para a economia.

Computação na nuvem, tecnologia democratizada

Faça um exercício mental. Se imagine em 2008, lendo um artigo sobre uma tal de "Nuvem de Computação" na revista *The Economist*.

Você, que não cursou ciência da computação, decide comentar com um amigo da área. Ele responde que a "nuvem" é só mais uma arquitetura de cliente-servidor. Essa era a resposta comum entre os profissionais da época. Logo, você ignora a matéria.

Ao longo dos anos, a nuvem se torna parte de todas as discussões empresariais. Às vezes com mais foco em otimização de custos e outras em inovação.

Moral da história: você ouve o tempo todo que há inúmeras oportunidades a serem capturadas, mas não sabe como ligar os pontos entre tecnologia e negócio. Então, continua perguntando a alguém da área de tecnologia.

Já em janeiro de 2021, a mesma revista *The Economist* fez uma nova reportagem sobre tecnologia. E na capa colocou a imagem de um foguete decolando para simbolizar os avanços tecnológicos extremos esperados para essa década.

Agora faça um novo exercício mental. Reflita: o quanto mudou sua forma de enxergar a tecnologia de 2008 para 2021? E o que mudou na sua forma de pensar?

Perceba que essa não é uma reflexão sobre o futuro, mas sobre como lidar com as mudanças que batem à nossa porta. Hoje.

Talvez assim, em 2030, quando uma nova capa da *The Economist* falar dos gigantescos impactos que a tecnologia provocou em outros países e empresas, não tenhamos aquele sentimento nostálgico de que daria para ter feito mais "se a gente soubesse".

O título da matéria original era *Let it Rise*. E anunciava que a tecnologia da informação estava se transformando em uma "nuvem acessível de qualquer lugar". Logo, isso transformaria profundamente a forma como as pessoas trabalham e as empresas operam.

Naquele momento, utilizar servidores remotos hospedados na internet para armazenar, gerenciar e processar dados, estava em evolução. E a ideia de "nuvem" começava a se tornar popular.

No presente, a computação em nuvem faz parte da estratégia de novos negócios. Principalmente porque traz agilidade aos processos. E diminui os custos de capital inicial com tecnologia, alinhando gastos ao crescimento da operação. Ou seja, ajustando capacidade à demanda.

Os negócios existentes buscam otimização de custos na nuvem. E maior agilidade para enfrentar os desafios de mercados em constantes mudanças com a aceleração de tecnologias exponenciais.

Empresas continuam migrando ou buscando arquiteturas híbridas na procura de dinamismo digital nos negócios. Um potencial para nos manter no caminho da Economia Exponencial.

A nuvem proporciona maior agilidade na transição de arquiteturas de negócios, acelerando o *time to market* (o tempo que leva para um produto ser desenvolvido e colocado à venda). Bem como a implantação de novos recursos.

Além disso, a tecnologia permite que testes de mercado possam ser realizados de maneira mais rápida. Isso se traduz em vantagem competitiva para as empresas que estão enfrentando as incertezas das recentes transformações econômicas.

As contínuas disrupções de alguns setores exigem que as empresas se mantenham atualizadas tecnologicamente para acompanhar a aceleração dos ciclos de negócios. Uma vez na nuvem, as empresas precisam mudar a forma como pensam o papel da tecnologia.

Big Techs como Google, Amazon, Adobe e Salesforce, entre outras, operam com sistemas em nuvem. A tecnologia garantiu a agilidade para que algumas companhias pudessem promover mudanças gigantescas em seus segmentos. Como foi o caso da Netflix e do Spotify.

A primeira transferiu 100% do seu banco de dados para a nuvem em 2016 no mesmo ano em que a plataforma de *streaming* de músicas começou sua migração. O Airbnb, serviço online para as pessoas anunciarem, descobrirem e reservarem locais de hospedagem, já nasceu na nuvem.

Operações que requerem mais atenção quanto à latência, governança, flexibilidade de configuração e segurança precisam ser analisadas com cautela antes da migração.

148 • ECONOMIA EXPONENCIAL

Entretanto, conforme aumenta a confiabilidade nas ferramentas e o acesso a conexões ultrarrápidas, como o 5G, elas podem se tornar as novas candidatas à nuvem.

Um cenário com uma conexão 5G pode estimular muitos novos negócios baseados na nuvem. Novos serviços podem ser mais facilmente criados através de projetos de inovação, com custos iniciais mais baixos. Além de uma grande variedade de ferramentas que podem ser combinadas para criarem soluções que não existem ainda.

A troca de dados e os movimentos de descentralização facilitam a criação de novos arranjos e arquiteturas econômicas que parecem não ter limites.

No início de 2020, o Fórum Econômico Mundial publicou o relatório *Jobs of Tomorrow: Mapping Opportunity in the New Economy*, no qual mapeia as profissões que devem deixar de existir para se tornarem especialidades do uso da nuvem.

Entre elas estão atividades relacionadas as pesquisas e engenharias. De acordo com o estudo, os profissionais que atuam nessas áreas na atualidade devem se tornar cientistas de dados e arquitetos de soluções em nuvem, respectivamente.

Isso mostra o quanto a tecnologia deve impactar as organizações e o mercado de trabalho como um todo. Os dados compartilhados em nuvem podem mudar os negócios e gerar novos modelos de monetização para as empresas.

A tecnologia de hoje oferece novas oportunidades através de padrões e protocolos abertos. Não há razão para que um parceiro de sua empresa não possa ter acesso – embora controlado – às informações. E assim, não se beneficiar da "economia das APIs".

Fabricantes de bens de consumo podem acessar em tempo real dados dos pontos de venda dos varejistas e distribuidores

– seus parceiros de canal – dando maior visibilidade sobre o desempenho de seus produtos.

Ao darem acesso aos dados, as empresas estão permitindo que os fornecedores apliquem seus conhecimentos analíticos para aumentar a eficiência de toda a cadeia produtiva.

Isso só é possível porque todos esses dados estão trafegando de um lugar para outro de forma instantânea por estarem na nuvem de fato.

A computação em nuvem democratizou o acesso à tecnologia. Portanto, é possível contratar até serviços de processamento quântico sem ter que gastar milhões para aquisição de uma máquina de alta complexidade.

O uso da nuvem tem permitido o surgimento de inúmeros novos negócios, aumentando as chances de crescimento de empresas e entidades que adotam uma economia de base tecnológica.

Aprenda *Machine Learning* de dia e Economia à noite

Em uma palestra, o CEO da Microsoft, Satya Nadella, falou para seu corpo de engenheiros de software sobre as revoluções que ainda estavam por vir devido ao uso mais amplo da inteligência artificial. Ele disse algo que me despertou a atenção:

> *"Estudem machine learning de dia e economia de noite".*

Não deve ter sido fácil para seus engenheiros, acostumados com cálculos exatos, pensar que agora teriam que entender de ciência econômica. Conhecida pela imprecisão e erros de previsibilidade.

Mas, como já passei por esse trauma trabalhando e pesquisando ao lado de muitos economistas, acho que entendi o recado. Então, posso ajudar a passar a mensagem para frente.

Satya foi o CEO que salvou a Microsoft. Ele não só recuperou a credibilidade da empresa na comunidade de desenvolvedores, abraçando iniciativas *open-source*, como também investiu pesado na Azure. Sua nuvem representa quase 1/3 do faturamento da empresa, que agora faz parte do clube do trilhão junto com Apple e Amazon.

A visão do Satya vai muito além de criar soluções para reconhecimento de voz e processamento de imagens de maneira mais rápida e barata utilizando *machine learning*.

Ele quer elevar a empresa ao status da que mais investe em inteligência artificial no mundo. Para isso, está preparando sua equipe para a reconstrução dos modelos econômicos que estão por vir com o uso das máquinas comportamentais.

Outro mérito do discurso de Satya é começar a alinhar futurismo com implementação prática, passando o recado para que sua equipe esteja preparada antes da concorrência. Curiosamente, pude perceber nele um certo cuidado ao falar nisso.

Se até para o seu grupo interno de engenheiros altamente qualificados é difícil sair de um modelo de pensamento descritivo/preditivo em direção a um modelo construtivo/prescritivo, imagine para a maioria de nós, meros mortais.

Os dois modelos precisam ser entendidos para que tenhamos uma visão mais clara de como podemos usá-los para transformar negócios e outras instituições da sociedade em células mais produtivas e de menor desperdício.

É claro, tem o seu valor descrever o mundo por meio de modelos estáticos, usando dados históricos para tentar prever o futuro. Principalmente se você está em um ambiente acostumado a tomar decisões por "intuição" e precisa iniciar uma cultura *data driven* para melhorar o processo decisório.

É por isso que todas as grandes empresas de hoje investem muito em *Analytics*. Mas, quem já trabalhou com *Business Intelligence* (BI) vai enxergar essa nova onda de investimentos, tipo o antigo BI turbinado com algoritmos de *machine learning*.

Já quem trabalhou com pesquisa operacional vai enxergar o *machine learning* como um monte de cálculos de previsibilidade estatística. Todos traduzidos em código de máquina para utilizarem o poder do processamento de dados computacionais.

Como disse, investir em ser *data driven* tem muito valor. Contudo, não é aí que está o "pulo do gato". Na verdade, o basico agora é atuar guiado por dados, conseguir "clusterizar" sua base de clientes e se antecipar criando ofertas personalizadas para o seu usuário on-line.

A empresa que não fizer isso em cinco anos poderá estar morta ou diminuirá de tamanho drasticamente, sobrevivendo de nichos.

> *O mundo preditivo – uso do* machine learning *– está sendo comoditizado. E em breve não será mais um diferencial.*

Por isso, precisamos entender o novo mundo prescritivo para criar arquiteturas de soluções que construirão novas possibilidades econômicas.

Sabemos que a análise econômica clássica é analógica e extremamente limitada de informações. Daí os tantos erros de previsibilidade. A realidade se mostra bem diferente dos modelos, embora o embasamento matemático geralmente esteja correto.

Os economistas agregam os dados (em oferta e demanda p.e.) para contornar essa limitação. E tentam prever os efeitos (aumento de juros, cortes de produção, mudanças de preços etc.) usando esses modelos clássicos.

É um processo *top-down*. Os dados são agregados no topo e as decisões são tomadas com base nas possíveis respostas que se veem de cima. Não é considerada a necessidade de cada agente de consumo. Ou seja, do indivíduo real.

Para se manterem lucrativas, as indústrias colocam uma margem de perda nos preços. Por exemplo, na indústria aérea, se você viaja com um assento vazio do seu lado, pode ter certeza que alguém está pagando por ele. Pode ser o consumidor ou a própria companhia.

Toda indústria calcula essa margem tentando proteger seu preço ao mirar no consumidor que pode pagar mais. Porém, acaba excluindo outros consumidores. Visto os quais poderiam diminuir suas perdas e aumentar seus lucros.

Isso, sem falar na injustiça que é deixar de fora uma parcela da população sem acesso a um bem de consumo por continuarmos presos a modelos baseados em teoria dos jogos da Era Industrial.

Somos a geração Tinder, não importa a idade. Queremos modelos econômicos que deem "match" com nossas necessidades e valores.

Modelos que comecem pelo indivíduo. Ou seja, uma análise *bottom-up*. A boa notícia é que esses modelos já existem. São os modelos baseados em agentes dos quais falamos no capítulo anterior.

Esse é um modelo teórico para os economistas. Algo que ficaria só na teoria se não fosse a capacidade atual de entender o comportamento econômico de cada indivíduo, interagindo e fornecendo dados através de *smartphones* e outros *gadgets*.

Acredito que esse seja o *gap* que o Satya quer diminuir pedindo para os seus engenheiros de software estudarem economia. Ele sabe que modelos baseados em agentes se tornarão uma nova fronteira no uso da inteligência artificial, gerando enormes oportunidades de negócios.

As máquinas serão capazes de entender nosso comportamento econômico detalhadamente em tempo real. Através de sensores, que irão interagir e trocar dados na nuvem de forma autônoma. Justamente para prescrever modelos mais rentáveis, com menos desperdícios e mais sustentáveis do que as atuais.

Minha única dúvida é se deveríamos ensinar economia aos engenheiros de software ou engenharia de software aos economistas.

Adaptabilidade radical, um mundo novo a cada momento

A transição que a geração de adultos desta década está enfrentando provoca momentos de extremas vulnerabilidades pessoais, medos, angústias, confusões mentais e especialmente sentimento de incerteza.

Em muitos momentos como esses se descobrem mais resilientes, inovadores e corajosos. Várias qualidades desejáveis que se fosse preciso resumir caberia em uma palavra só: adaptáveis.

A adaptabilidade é uma habilidade necessária para digerir praticamente todos os parágrafos de um livro sobre grandes mudanças na tecnologia e na economia.

Embora ela não tenha sido ensinada pelos nossos professores de humanas. Nem pelos de exatas. Razão pelo qual destaco esse fato por causa de uma questão que nunca devemos perder de vista. O aspecto biológico do ser humano.

> *Vivemos nos limites do mundo natural. As máquinas foram pensadas e construídas por nós, mas impõem novas estruturas de pensamento.*

Darwin traduziu conceitos preciosos que depois foram estendidos a economia e a diversos outros campos do conhecimento. Suas teses foram mais que comprovadas e continuam a ser expandidas com a tecnologia.

Sabemos que antecipar, entender e estimular a adoção de novos hábitos não é tarefa fácil para os humanos. Porém, os fenômenos exponenciais estão obrigando pessoas e instituições a se adaptarem com maior velocidade.

A geração massiva de dados, apesar de aumentar a clareza das interações econômicas, gera confusões momentâneas, aqueles sentimentos de incertezas que nos deixam, muitas vezes, suscetíveis a reforçar vieses cognitivos.

Um dos pontos importantes para atingir a capacidade de adaptação às mudanças aceleradas é a disposição de pensar em novas hipóteses, realizando testes para confirmá-las ou descartá-las sem apego ou vieses.

A abordagem *modeless*, mencionada junto com a IA, pode ser uma boa analogia para a adaptabilidade radical. Modelos de tecnologia e de pensamento precisam caminhar juntos, pois estamos descobrindo um mundo novo a cada momento.

> *Será preciso adaptação radical para acompanhar a maior transformação financeira e econômica já vista na história.*

A abordagem de pensamento por experimentação ajuda a encontrar soluções inovadoras para problemas novos e antigos, usando a criatividade sem apego em modelos preestabelecidos.

Os *frameworks* de inovação ficaram famosos por serem usados pelas maiores empresas de tecnologia. Eles seguem a filosofia da experimentação e da ciência para adaptar negócios ao avanço exponencial da economia. E à criação de novos mercados.

No *Design Thinking*, por exemplo, a técnica é centrada na colaboração de todos os envolvidos. É uma ação coletiva e multidisciplinar que utiliza as visões de mundo e experiências culturais de cada participante. O objetivo é construir oportunidades de inovação, criar protótipos e validar soluções.

> *Em um formato de criação que visa unicamente o sucesso, o modelo mental adota a vontade (ou o viés) de acertar, inibindo o caráter puramente experimental da iniciativa.*

A filosofia *fail fast, fail often* (falhe rápido, falhe com frequência) ficou famosa pelas mãos do Google. A busca é contornar o medo de errar que impede as empresas de inovarem. E a ideia é ter liberdade total para falhar e gerar novos produtos de forma mais rápida e mais barata.

Métodos como o *Lean startup* usam um conjunto de processos para desenvolverem produtos e mercados, combinando desenvolvimento ágil de software, validação de clientela, combinação de plataformas de software e o uso de protótipos ou *Minimum Viable Product* (MVP).

Vamos encontrar diversos *frameworks*, ferramentas e técnicas que continuarão surgindo. Contudo, é preciso notar que todas elas têm em comum um único traço: o pensamento científico por experimentação.

Esse é o tipo de pensamento necessário para nos ajudar a adquirir adaptabilidade radical em um mundo que não para de mudar. Sem modelos ou vieses. Apenas observando a realidade das respostas.

> *Em um mundo digitalizado e repleto de máquinas, ferramentas e técnicas de experimentação se tornam corriqueiras.*

A disposição para abraçar novas tecnologias deve ser alinhada à tolerância a falhas. Sem receios para verificar se elas atendem às necessidades da organização ou merecem ser prontamente descartadas. Mas, não sem antes serem verificadas.

Líderes e profissionais que desejam estar preparados para o futuro devem aprender mais do que simplesmente utilizar ferramentas e *frameworks*. Eles devem mudar o próprio modelo de pensamento. Assim, será possível se adaptar de maneira radical às novas respostas que a tecnologia traz.

Liderança em um mundo repleto de máquinas

Saber integrar aspectos comportamentais e traços de personalidade dentro de uma equipe é uma habilidade em grande parte nata. Entretanto, pode ser desenvolvida através de estudos, observação e treino.

> *Líderes da Economia Exponencial são capazes de alinhar valores e propósitos humanos ao direcionamento e uso da tecnologia para criarem transformações na sociedade.*

Humanizar a liderança não é sobre escolher palavras bonitas. É sobre interesse genuíno nas pessoas, entendendo que elas não são apenas seus colaboradores ou clientes. Na verdade, elas são o negócio.

Logo, uma verdade que deve permanecer sem sofrer influência alguma de tecnologias ou mudanças econômicas é: todas as pessoas querem receber atenção.

É fácil realizar um teste. Por exemplo, um adulto está virando as páginas de uma revista enquanto uma criança assiste TV. Ambos juntos, mas cada um na sua.

Se algo desperta a atenção dela enquanto o adulto se concentra na leitura em um nível subconsciente, ou cinestésico, a criança nota que o foco de atenção mudou. Assim, exige verbalmente o que julga ser o seu direito.

Citei anteriormente o case do Discovery Bank, que oferece produtos de um banco comum de varejo, mas se posiciona como um parceiro na sua busca pessoal por mais saúde física, financeira e emocional.

A liberdade e individualidade são anseios da vida contemporânea. Por vezes manifestados na saúde física e mental de clientes, consumidores e colaboradores.

Existem também anseios subjacentes, e até mais amplos, para preservação da nossa espécie. Estão refletidos nos valores de preservação do ambiente que nos cerca.

Nesse sentido, um outro produto bancário baseado no nosso comportamento foi criado pela empresa chamada DoEconomy. Ela utiliza um cartão de crédito para rastrear a emissão de CO_2 na atmosfera utilizando padrões de consumo.

Além de trazer à tona a consciência sobre mudanças climáticas, ele também é um instrumento de compra de créditos para compensação de carbono. Um chamado à ação de fazer um consumo ambientalmente mais sustentável.

Por trás da iniciativa há uma narrativa de alinhamento de valores e propósitos humanos: se você se importa com o aquecimento global, esse cartão de crédito é para você.

> *O alinhamento de valores gera engajamento e fidelização.*

Entender o comportamento das pessoas é indispensável para uma organização. Existem ferramentas que ajudam a analisar e medir as interações humanas na cadeia de valor do negócio. As chamadas *People Analytics*.

Elas usam algoritmos de inteligência artificial para transformarem em dados as métricas humanas relacionadas à emoção e sentimentos. Referências fidedignas para validação de impactos de negócios alinhados a propósitos e valores humanos.

Pessoas são colaboradores, clientes, fornecedores e comunidades que podem se tornar fontes de dados comportamentais para determinar se um negócio está impactando positivamente ou negativamente nas suas vidas.

> *Índices de saúde estão relacionados às dinâmicas econômicas.*

"Aquilo que não se pode medir, não se pode melhorar". A frase é de William Thomson, um dos cientistas mais importantes do século XIX. Ela foi adaptada e popularizada por Peter Drucker, o papa da administração moderna.

Tanto o conteúdo quanto a consequente popularização da frase são sinais de que, quando a ciência avança, a sociedade amadurece e avança junto. Uma reflexão para o momento atual de transição da economia deve ser:

> *Como criar uma economia mais saudável se a gente não sabe medir o que é mais saudável para o principal agente econômico, o ser humano?*

Essa é uma boa pergunta a se fazer quando se fala em desafios globais. A mudança climática não precisa ser o fim do mundo para representar um desafio de inovação dentro de uma perspectiva humana de longo prazo.

Como serão seus clientes do futuro? Como o seu negócio pode contribuir para que essas pessoas que você ainda não conhece sejam prósperas o bastante para comprar seja lá o que você for vender? Que tal entender como seu cliente se sente?

A cultura de uma organização é reflexo da educação que seus colaboradores receberam, dentro e fora dela. A tecnologia proporciona inúmeras possibilidades para entender melhor como todas as pessoas impactadas pelo negócio se sentem.

A liderança em um mundo digitalizado é mais do que saber utilizar novas ferramentas e buscar constantemente motivar times. É saber utilizar valores e propósitos humanos para direcionar a tecnologia. O que demanda um novo tipo de educação: uma educação integrada à tecnologia.

Educação tecnológica, Influência e Cultura

Quando falava sobre educação algumas páginas atrás, citei um conceito STEM que agrupa as disciplinas de Ciências, Tecnologia, Engenharia e Matemática. Alguns educadores defendem ainda a ampliação para STEAM, englobando arte e design à receita.

Baseado em uma didática voltada ao desenvolvimento de produtos e de tecnologia através de conhecimento aplicado, ela ajuda a fazer a mágica da ciência ganhar sentido.

A ideia é unir conhecimentos na aplicação concreta para resolver algum problema. Assim, a educação profissional deve ir muito além dos conhecimentos tecnológicos.

Quanto mais áreas de conhecimento são digitalizadas e interconectadas, mais descobertas científicas surgirão. Quanto mais a economia é digitalizada, mais os modelos econômicos industriais ficarão obsoletos.

> *Quanto mais a tecnologia avança, mais precisamos dar conta da demanda decorrente das novas descobertas científicas que estão impactando os negócios e a economia.*

Se antes a economia era estudada de forma analógica, através de experimentos com amostras limitadas e conjecturas teóricas, agora a digitalização pode fornecer dados precisos em tempo real.

Compare a análise de comportamento humano realizada por um psicólogo versus o mesmo trabalho feito por um neurocientista em seu laboratório com cientistas de dados.

O psicólogo precisa isolar diversas pessoas ao idealizar um experimento. E catalogar fielmente suas reações, com vistas a encontrar no grupo alguma significância estatística que confirme suas hipóteses. Um trabalho analógico e impreciso.

Já o neurocientista pode fazer simulações usando sensores conectados a um computador e algoritmos de inteligência artificial. Os quais irão encontrar padrões para hipóteses que ele nem sequer havia imaginado. Um trabalho digital e preciso.

> *O uso de ciência e tecnologia para humanizar a economia será um diferencial na configuração das organizações na Economia Exponencial.*

O propósito está mais ligado ao sentimento que as pessoas têm ao interagir com organizações do que aos seus resultados. Algo de que tanto falamos. Portanto, ele ultrapassa os enunciados de visão, missão e valores, transbordando esses enunciados para a vida real.

Empresas que não têm diversidade dentro de seus quadros, e em todos os níveis, não conseguem educar seus times e oferecer foco na diversidade de clientes. Os quais vêm se tornando cada vez mais críticos e exigentes.

As redes sociais mostram que definições de propósitos não-legítimas não engajam seguidores. O contrário é tão verdadeiro a ponto de criar devotos apaixonados ao invés de seguidores, apenas.

Mesmo com canais de relacionamento e atendimento automatizados, as pessoas seguem pessoas, não marcas. A influência nas redes sociais transforma nossa cultura de maneira tão acelerada quanto o avanço da tecnologia.

Não à toa, empresas como Facebook e Microsoft competem pela supremacia tecnológica dos ambientes de realidade virtual e aumentada, pois eles transformam como nos relacionamos em ambientes digitais.

O ato de educar e aprender são impactados pela forma com que a informação é disseminada no mundo digital. Novas tecnologias criam extensões das dinâmicas sociais. E as trocas entre pessoas são facilitadas e transformadas por elas.

Além disso, quando você expõe ideias no mundo digital, há naturalmente uma preocupação com a validação social do seu discurso. Ideias não legitimadas pelo grupo são escrutinadas e podem gerar o "cancelamento social".

Muitas vezes isso acontece de forma excessiva e irracional, característico de movimentos do "efeito manada". Daí a importância de saber acompanhar, educar e reeducar o grupo para que aconteça o alinhamento de valores e propósitos.

No entanto, o risco de não se expor passou a ser maior do que o risco de ser cancelado. Educar passou a ser uma forma de influenciar e liderar nas redes sociais.

Como exemplo, os fundadores da XP Investimentos atribuíram o crescimento exponencial da empresa à estratégia de educar financeiramente pessoas para entrarem no mercado. E assim, adquirir novos clientes.

Modelo esse seguido com afinco por diversas outras empresas do setor que duelam diariamente pela sua atenção nas redes sociais.

Importante perceber que quanto mais a tecnologia avançar, for combinada e convergir, mais inovação e mais formas de influência, educação e liderança irão surgir.

Portanto, a educação tecnológica se torna uma forma integrada de exercer influência para direcionar o uso da tecnologia para onde nossos valores humanos determinarem.

Inovação exponencial, Disrupção acelerada

A Lei de Moore nos mostrou que os processadores duplicavam sua capacidade a cada 18 meses em média. A economia se digitaliza e começa a viver seu próprio fenômeno exponencial.

Mesmo com todas as resistências culturais, políticas e organizacionais, o avanço exponencial da tecnologia é "uma escolha que já foi feita", parafraseando o filme *Matrix*.

Nas áreas de inovação de grandes empresas buscam criar ambientes seguros, onde todas as ideias possam circular sem preconceitos, as falhas sejam toleradas e haja espaço para inovações disruptivas e exponenciais surgirem.

Nesses ambientes, quantidade é melhor que qualidade por uma simples questão matemática: quanto mais ideias diversas, mais chances de combinação para a criação de uma solução nova.

Inovação exponencial muitas vezes mira saltos gigantes. São os *moonshots*. Atirar em direção à lua é para loucos ou visionários. Afinal, quem vai empregar seu tempo e energia com algo que é inalcançável?

A resposta abrange todos os inventores, criadores originais e fazedores do que nunca havia sido feito. O *moonshot thinking* não importa se o seu objetivo é impossível, ele apenas aprecia o caminho.

Ele não almeja melhorar dez por cento, porque está mirando crescer dez vezes mais. Não se contenta com uma melhoria incremental, dentro dos limites do que já existe, mas ambiciona o progresso exponencial.

Inovar não é feito apenas de ousadia, mas também de preparo, resistência à frustração, crença na própria capacidade de resistir a adversidades. E enxergar engrenagens mínimas em um mar de complexidade.

É o pensamento que guiou o primeiro foguete lançado em direção – justamente – à lua. O presidente dos EUA à época, John Kennedy, justificava que a NASA era capaz de levar um homem ao espaço dizendo: "Nós não sabemos ainda exatamente como faremos, mas faremos".

Open Innovations são iniciativas abertas de inovação que buscam compreender o ecossistema conversando com todos os atores possíveis. Pesquisadores nas universidades, *hubs* de inovação, empresas consolidadas, *startups* e comunidades.

O novo líder entende que cada colaborador pode adicionar experiências distintas às organizações. Cada pessoa tem a sua bagagem cultural.

Um "arquiteto da inovação exponencial" deve conseguir alinhar tecnologias que avançam exponencialmente às decisões estratégicas para que haja uma nova arquitetura econômica nas empresas de forma adaptável às mudanças aceleradas.

Daniel Kahneman, em entrevista para o *The Guardian*, ressaltou que "o ser humano não pode competir com a racionalidade de máquina".

Apesar da máquina poder emular o sentimento humano, ela não será capaz de se sentir biologicamente como nós. Nosso aparato é único, tendo sido desenvolvido através de uma evolução e enfrentamento de desafios biológicos.

A máquina teria que percorrer o mesmo caminho linear, inclusive adquirir os mesmos defeitos e limites biológicos. Mas, ao invés disso, ela faz um novo caminho de maneira exponencial.

Embora o avanço exponencial da tecnologia possa ser um catalisador da inovação também nas áreas biológicas humanas, gerando discussões sobre o "transumanismo", por exemplo, é mais provável que tenhamos que lidar antes com as consequências da inovação exponencial na economia.

Nesse sentido, precisamos olhar para os limites da economia que devem ser quebrados em grande parte pela combinação de tecnologias relacionadas à inteligência artificial e ao *Blockchain*.

Uma nova geração de plataformas P2P (*peer-to-peer*) deve surgir com cadeias inteiras de negociações garantidas por intermediários que devem dar lugar a contratos e sistemas autônomos programáveis.

As organizações chamadas DAOs (*Decentralized Autonomous Organizations,* em inglês) buscam dar transparência, romper hierarquias, reduzir burocracias, diminuir corrupção e dar liberdade descentralizada aos agentes nas redes.

Ainda há certa desconfiança de como "organizar uma organização" completamente democrática. Sem agentes centrais ou hierarquias. É provável que a resposta surja à medida que novos protocolos sejam estabelecidos.

A própria internet, quando surgiu, enfrentou desconfianças em relação ao protocolo TCP/IP que na época atual é a infraestrutura mais básica das telecomunicações.

E.E. NA PRÁTICA. NEGÓCIOS E CARREIRAS • 167

Talvez novos protocolos públicos tenham que ser estabelecidos para que agentes econômicos adotem novas regras para se comunicar e transicionar.

Protocolos são regras de comunicação e transação criadas sobre a infraestrutura disponível. A tecnologia *Blockchain* cria uma nova camada de infraestrutura, capaz de alterar as regras de transações em toda a internet. A chamada Web 3.0.

Regras que fomentam o jogo colaborativo e pavimentam o caminho para a inovação exponencial da economia. As grandes empresas de tecnologia já vêm fazendo isso em ambientes menores, contrariando os protocolos e a cultura atual.

Você deve se lembrar que citei na introdução do livro o ganhador do prêmio Nobel de economia, Paul Romer. Assim como eu e muitos líderes do Vale do Silício, ele também experienciou o festival *Burning Man* para tentar reimaginar o futuro naquele ambiente de contracultura.

Usar tecnologias exponenciais para inovar e criar arranjos econômicos improváveis tem muito a ver com a experimentação de uma contracultura. É preciso desafiar o *status quo* econômico-social e a cultura estabelecida para tentar o novo.

O foco de Romer foi olhar as cidades para ver como um planejamento inovador pode melhorar exponencialmente as dinâmicas econômicas de cidades inteligentes.

O meu foco desde o *Burning Man* até chegar neste livro foi mostrar para o maior número possível de líderes como uma cultura (ou contracultura) de inovação exponencial pode criar uma economia melhor em todos os níveis.

Para isso, será preciso saber aproveitar as oportunidades que as tecnologias exponenciais trazem, entendendo como convergências e combinações tecnológicas criam novos modelos e arranjos econômicos, conforme veremos a seguir.

Convergências e combinações tecnológicas, infinitas oportunidades

Combinação e convergência são palavras com significados parecidos, mas diferentes. A convergência é o ato de se mover em direção a uma união. Já a combinação é o ato de combinar e o resultado da combinação em si.

Por exemplo, quando você une inteligência artificial (AI) e internet das coisas (IoT) está promovendo a convergência de tecnologias para criar uma nova tecnologia chamada "inteligência artificial da internet das coisas" (AIoT).

Já quando você usa a criatividade humana para conectar tecnologias conhecidas e operá-la em novas arquiteturas econômicas está promovendo a combinação tecnológica. Como quando você muda o mercado de alimentos turbinando impressoras 3D com biotecnologia e inteligência artificial.

Atingimos um estágio tal na democratização de tecnologias, através de ferramentas gratuitas, uso de nuvens de baixo custo e poucas barreiras de entrada, que saber como combinar tecnologias se torna um conhecimento extremamente valioso para os que querem inovar.

Algoritmos de inteligência artificial que antes eram restritos a laboratórios de *Big Techs* agora são produtos comoditizados. E estão disponíveis em prateleiras para serem combinados e aplicados a problemas econômicos e empresariais do dia a dia.

Tecnologias exponenciais estão disponíveis e prontas para serem combinadas em novas soluções criativas. Como IA, *Block-*

chain, Impressão 3D, Robótica, Computação Quântica, Realidade Virtual e Aumentada, Nanossensores, entre outras.

> *Combinar tecnologias em novas arquiteturas de negócios é uma habilidade que diferencia os profissionais na Economia Exponencial.*

As possibilidades são praticamente infinitas. E abrem portas para a criação de novos arranjos que permitem diferentes dinâmicas econômicas entre agentes, novos modelos de negócios, novas formas de financiamento e de rentabilização.

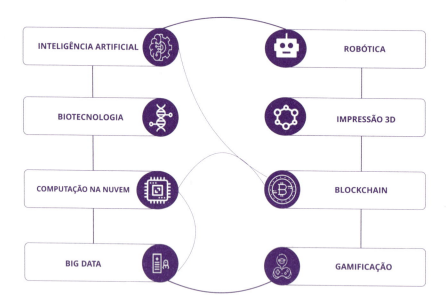

A tecnologia deixou de ser somente uma ferramenta. Tipo o processador de textos que imprime um relatório ou uma planilha eletrônica que ajuda a fazer uma conta complexa. Ela agora é moldadora do próprio pensamento humano.

Ela aumenta nossa percepção para fatos que não seriam descobertos se não existissem novos sensores de captação de dados, réplicas digitais, realidade virtual, impressão 3D ou inteligência artificial.

> *A tecnologia agora é uma via de mão dupla com a inteligência humana. A máquina molda e é moldada pelo pensamento humano.*

Não basta ler os dados aceitando tudo o que eles dizem para se manter nessa via de mão dupla com a tecnologia e acompanhar o avanço exponencial da economia. Ser *data driven* é só o começo para enxergar novas possibilidades. É preciso saber como os dados foram formados e conhecer os modelos e vieses (humanos e de máquinas) que geraram tais análises.

Por exemplo, um *dashboard* de dados muitas vezes nos torna um espelho das situações que aconteceram. Pois, ele foi baseado em modelos já existentes na organização. Mesmo que os dados mudem, o modelo ainda é o mesmo.

É obviamente mais confortável seguir modelos existentes do que abraçar o incômodo de um modelo novo e desconhecido. Não é natural para o ser humano querer ser superado pela máquina. Mas, é por aí que faremos jus à palavra inteligência, de forma ampla.

A Era da Inteligência nos cobra mais do que simplesmente combinar e aplicar tecnologias em modelos (econômicos) antigos. Ela exige que saibamos interpretar a explosão de dados com novos olhares.

Quanto mais for evidente a via de mão dupla entre humanos e máquinas, mais o comportamento dos agentes deverá servir como um dos definidores de estratégias empresariais.

> *Tecnologias convergentes e combinadas geram novos dados que serão adicionados aos processos operacionais e decisórios.*

Mesmo com vieses contrários, *boards* de empresas tradicionais precisarão se adequar às respostas de máquina. Porque quanto mais modelos são treinados, mais os vieses ficam evidentes. E logo, são eliminados.

As convergências e combinações tecnológicas possibilitam a criação de inúmeros serviços mais eficientes e baratos, mantendo o caminho da democratização e da desmonetização na economia.

A facilidade na criação de novos negócios tecnológicos diminui drasticamente as barreiras de entrada. E os modelos de monetização estabelecidos estão sendo desafiados. Veremos a seguir como entender e acompanhar esses impactos.

Novos modelos de Monetização, Emprego e Renda

Vimos até aqui que líderes e organizações da Economia Exponencial têm adaptabilidade radical, praticam educação tecnológica, sabem combinar tecnologias e usar sua criatividade para criar novas arquiteturas de negócios. Bem como também promovem inovação exponencial, confrontam culturas e convivem perfeitamente em um mundo repleto de máquinas – mais inteligentes do que eles.

Promover essas características para criar mais eficiência e resultado no mundo dos negócios seria sensivelmente mais fácil se não fosse o fato de que na Economia Exponencial a eficiência se torna hipereficiência. Assim, há menos necessidade de capital e trabalho. Portanto, o resultado por vezes deixa de ser financeiro para ser econômico.

Você deve se lembrar do caminho percorrido na curva de avanço exponencial até chegar a democratização. No fundo o que toda empresa na Era Tecnológica faz mais cedo ou mais tarde é criar recursos que serão democratizados e estarão abundantes na economia, mas a maioria ainda não sabe disso.

O propósito está acima de qualquer produto criado. A tecnologia reconstrói a economia, fazendo a famosa destruição criativa acontecer na prática. Resta saber se quem vai democratizar, destruir e reconstruir o modelo atual é você, um concorrente, ou um garoto na garagem.

Democratização é um mantra silencioso cantado nas empresas perenes da Economia Exponencial.

Você deve se lembrar também que para chegar à democratização devemos ter passado primeiro pelas barreiras enfrentadas durante a desmonetização.

Desmonetização significa que uma economia (macro ou micro) não depende mais da emissão de moedas dos governos para transacionar e produzir.

Mas, ela também mostra que os modelos tradicionais de monetização da Era Industrial estão sendo quebrados pela tecnologia, dando lugar a novos modelos de monetização. Isso impacta os negócios, os empregos e a distribuição de renda.

Podemos olhar algumas estratégias como exemplo, porém devemos lembrar que muitos dos conceitos tratados aqui abrem enormes possibilidades. Limitá-los a exemplos seria como colocá-los em caixas fechadas.

Contudo, atualmente podemos dividir as estratégias de monetização dos ambientes digitais em três grandes categorias: pagas (pelo consumidor), financiadas (por terceiros) e híbridas ou "escondidas".

Nas pagas, os produtos são monetizados pelo uso medido por períodos, transações, interações, visualizações, downloads ou licenciamento de direitos de uso.

Nas financiadas, os produtos são monetizados por meio de anúncios como *banner* e vídeos de publicidades. Ou são totalmente financiados por uma empresa ou marca que faz merchandising.

Já nas híbridas ou escondidas, as estratégias são combinadas e não ficam totalmente claras para o consumidor. As funcionalidades dos produtos são lideradas de acordo com propagandas, pagamentos adicionais ou o direito de uso (e venda) de dados.

Você vai identificar exemplos como Spotify, Youtube, Amazon, Microsoft, Netflix, SalesForce, Apple e muitos outros nas categorias citadas acima. Como falamos, a ideia não é se limitar a eles, mas dar elementos para você refletir nos que mais se enquadrem ao seu negócio atual.

> *Se estamos vivendo uma economia de base tecnológica, o pensamento também precisa ser de base tecnológica.*

As plataformas tecnológicas são excelentes celeiros para novos modelos de monetização. Porque criaram economias que permitem equipes de trabalho desconhecidas se unirem pelos mais diversos motivos e atuarem em conjunto a partir de regras estabelecidas pelo grupo.

Elas permitem o desenvolvimento de ideias em tempo real, auxiliam a conseguir trabalho, organizam cadeias de fornecimento e horizontalizam participações onde cada integrante pode ser remunerado pela sua colaboração na rede.

Assim como o comércio eletrônico e o marketing digital, dominar plataformas deixou de ser trabalho de nicho para se tornar uma estratégia dominante. Nas plataformas, os resultados alcançados podem ser distribuídos de forma híbrida através de moeda ou *tokens*.

Elas podem se tornar efetivos impulsionadores de soluções "pessoa a pessoa", dando origem a movimentos maiores de desmonetização e ao surgimento de modelos de monetização completamente novos.

Uma quarta categoria de estratégias de monetização surge com o *Blockchain*. Essas tecnologias impulsionam mudanças de paradigma no que diz respeito à forma como o produto é consumido e pago.

> *O Blockchain deve ser o motor das verdadeiras disrupções dos modelos de monetização atuais.*

Criptoativos devem marcar a mudança para modelos que não são nem pagos pelo consumidor nem financiados por terceiros. Mas, que são "distribuídos" na rede, incluindo o comportamento das pessoas na equação de valor. Isso fornece incentivos econômicos para se engajarem.

Entre as barreiras de mudança de paradigma estão aquelas relacionadas à liquidez dos criptoativos e a dificuldade de programar contratos inteligentes. Elementos que avançam em paralelo com a digitalização da economia.

A monetização vai ganhando novos contornos à medida que mais processos são automatizados. Máquinas autônomas transacionam através de algoritmos que ditam regras de rentabilidade nas redes de trabalho, humano e computacional.

Há novas relações entre os modelos de negócios digitais – muito difundidos – e as soluções baseadas em algoritmos que solucionam problemas dos negócios. Veremos a seguir por que líderes da Economia Exponencial precisam entender algoritmos de negócios.

Algoritmos de negócios, muito além da Transformação Digital

Ouvimos falar bastante sobre modelos de negócios digitais ou sobre uma nova economia criada através da transformação digital com o crescimento em velocidade exponencial.

Entretanto, a maioria dos executivos e consultores costumam enxergar esses movimentos como um conjunto de ferramentas e algoritmos para melhorar negócios. Ou, na melhor das hipóteses, para adquirir um *mindset* digital de inovação.

Existem algoritmos embutidos em aplicativos e plataformas que permitem melhorar, automatizar e substituir processos de negócios e modelos de negócios inteiros.

Algoritmos podem fazer muito mais do que simplesmente automatizar e baratear processos empresariais. Eles têm o poder de mudar profundamente os modelos de negócios e a economia.

Poucos líderes e profissionais entendem a variedade de algoritmos. E também o modo que eles funcionam para saber como combinar o algoritmo certo ao modelo de negócios certo.

Essa lacuna dificulta a discussão sobre os pontos fortes e fracos de algoritmos que podem criar avanços consideráveis, mas que são misteriosos para a maioria dos executivos.

> *Algoritmos de negócios combinam recursos de negócios aos recursos de algoritmos para resolver problemas empresariais.*

Não podemos esperar que executivos entendam completamente todos os algoritmos. Ou a matemática por trás de cada um deles. Entretanto, podemos esperar que eles entendam as classes de algoritmos e os tipo de resultados que podemos esperar. A figura a seguir mostra exemplos dessa relação.

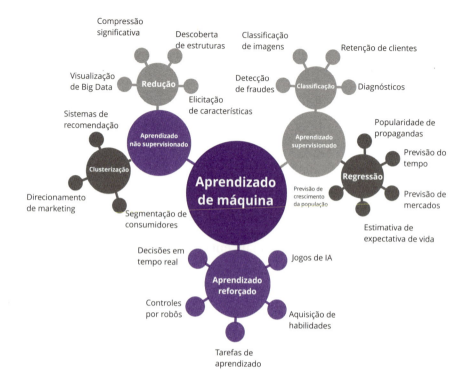

Quantos problemas empresariais e econômicos podem ser resolvidos se líderes, executivos, profissionais e reguladores aprenderem como aplicar algoritmos de negócios para resolver questões das suas áreas? Lembra do conselho do Satya Nadella sobre economistas aprenderem inteligência artificial?

Enquanto líderes se esforçam para entender como algoritmos podem impactar seus negócios, uma plataforma permite a qualquer pessoa criar, compartilhar e monetizar serviços de inteligência artificial.

O objetivo da SingularityNET é combinar *Machine Learning* e *Blockchain* para democratizar o acesso à economia das máquinas. A ideia é que qualquer pessoa possa tirar proveito de uma rede global de algoritmos, serviços e agentes autônomos inteligentes.

É possível montar organizações no *Blockchain* para gerenciar equipes de colaboradores ao criar fluxos de trabalho e receitas entre pessoas e algoritmos, trocando dados através de protocolos e contratos programáveis.

Uma economia programada por humanos, mas realizada por máquinas, é aberta. E um futuro que parecia ter sido imaginado em ficção científica começa a ser construído. Veremos mais sobre esse futuro na parte final do livro.

PARTE FINAL

O FUTURO ESTAVA SENDO IMAGINADO

O Futuro estava (e está) sendo imaginado

Na literatura de ficção científica, alguns narradores foram capazes de contar sua visão de mundo a partir da perspectiva de uma realidade ainda não concretizada. Possivelmente, eles misturavam o gosto por inventar histórias em uma capacidade de predição, habilidade para antecipar existências ainda não inventadas.

No livro *1984,* de George Orwell, os temas que foram analisados como metáforas são objetos de estudos nas faculdades de tecnologias: limites da inteligência artificial, acesso a memórias, reforços comportamentais, réplicas digitais, e ainda, o quanto a economia define nossa identidade.

Alguns autores de ficção científica se tornaram os próprios sujeitos que põem a mão na massa nas empresas desenvolvedoras de tecnologia. Neal Stephenson escreveu o livro *Snow Crash*, no qual aborda o conceito de um metaverso que permite a interação humana via avatares. Isso logo antes de atuar como consultor de tecnologias imersivas na empresa Magic Leap.

Bruce Sterling publicou a antologia *Mirrorshades*, alicerce do gênero *cyberpunk*. Isso também pouco antes de se tornar o "visionário residente" do Art Center College of Design em Pasadena, Califórnia, onde atualmente desenvolve metodologias *design fiction*.

Tecnologias insinuadas em *2001 – Uma odisseia no espaço* foram mapeadas e aproximadamente sessenta delas se tornaram projetos reais! O autor, Arthur C. Clarke, deixou como legado seu livro, inspirou a voz da Siri e ainda tem seu nome gravado no espaço, batizando a Órbita Clarke.

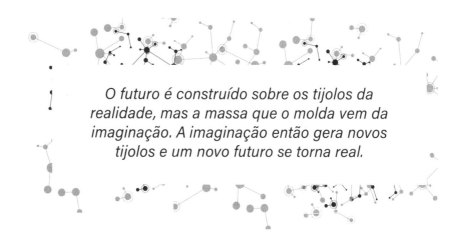

O futuro é construído sobre os tijolos da realidade, mas a massa que o molda vem da imaginação. A imaginação então gera novos tijolos e um novo futuro se torna real.

A imaginação é um processo cognitivo baseado em associações, por mais inusitadas que pareçam. Mesmo os autores de ficção científica se baseiam em fragmentos da realidade para criarem associações e histórias que parecem completamente novas ou inventivas, mas não falsas ou inválidas.

Nossos cérebros têm mecanismos cognitivos críticos capazes de descartar associações inválidas, conhecimento neurocientífico que inspirou algoritmos de inteligência artificial chamados "agente-crítico". Neles, duas redes neurais interagem.

A rede do "agente" decide qual ação deve ser tomada enquanto a rede do "crítico" informa quão boa foi a ação tomada. E como ela deveria ser ajustada para melhorar. Mecanismo que dota a inteligência artificial de poderes imaginativos e eficazes. A base de todo um novo ramo de estudos chamado de "imaginação artificial".

Em uma rápida pesquisa por *this person does not exist* você pode encontrar sites com fotos realistas de pessoas que não foram criadas pela natureza nem imaginadas pela criatividade humana, porém imaginadas e criadas pelas máquinas.

As fotos materializam o conceito por trás do algoritmo, mas como vimos nos capítulos anteriores, esse tipo de aprendizado de máquina pode reconstruir a economia e o nosso modo de vida.

Então, como a imaginação artificial pode mudar o futuro?

Difícil responder a essa pergunta porque nas escolas não tivemos uma disciplina chamada "futurismo". Estudamos muito o passado, desde o período paleolítico até a Segunda Guerra. No entanto, pouco ou nada o futuro.

Padrões do passado se repetem porque seguimos os mesmos modelos, com dados novos. É assim que ciclos econômicos são previstos por economistas. Porém, como vimos anteriormente, o avanço exponencial da tecnologia cria disrupções que mudam as raízes do pensamento. E portanto, dos *modelos econômicos*.

No início do livro falei que "economistas não conseguem capturar o efeito da disrupção na economia". Assim, eles aprendem a ler os dados e a prever o movimento dos mercados, mas não a imaginar o futuro criado pela tecnologia. Trabalho esse que seria colocado em uma vala rasa chamada "futurologia".

O termo futurologia se difere radicalmente do "futurismo" inaugurado com a disciplina Estudos do Futuro (*Future Studies*). Neste, a velocidade em que as transformações tecnológicas acontecem é analisada para prever o momento em que elas se tornarão disruptivas e mudarão a sociedade, e portanto, a economia.

Futuristas estudam o que deve acontecer nos próximos anos com conhecimentos do passado e dados do presente. Mas, principalmente, da imaginação sobre o futuro. O cofundador da Singularity University, Ray Kurzweil, ficou conhecido por sua capacidade de prever com grande precisão os impactos do avanço exponencial da tecnologia na sociedade.

Futuristas profissionais utilizam ferramentas para fazer previsões. Entre elas, a chamada Nível de Prontidão Tecnológica (*Technology Readiness Level*), criada pela NASA para tentar determinar o momento em que a tecnologia está pronta para o mercado.

Outra ferramenta é a chamada análise STEEP (Social, Tecnológica, Econômica, Ambiental e Política, da sigla em inglês). Ela nasceu na área de marketing para analisar fatores externos que determinam tendências. Contudo, também é usada para prever o que pode acontecer no futuro.

Exercícios de previsão de futuro ajudam a contornar nossas limitações da imaginação. As moldadas por crenças e experiências passadas, que muitas vezes levam o indivíduo a negligenciar a realidade ou a se recusar a reconhecer as mudanças críticas que estão acontecendo ao seu redor.

É importante lembrar que os artefatos tecnológicos do presente estão inseridos de forma praticamente imperceptível no nosso cotidiano. Falamos corriqueiramente sobre inteligência artificial inseridas em celulares, relógios e óculos inteligentes. Em breve podemos estar falando sobre robótica, nanotecnologia e genética com a mesma naturalidade.

> *O futuro da tecnologia é promissor, mas não será capaz de mudar nosso modo de vida se não tivermos um modelo econômico preparado para o avanço exponencial.*

Se olharmos para o passado veremos que avançamos muito até aqui com a aceleração da tecnologia. O livro de Peter Diamandis, *Abundância – O futuro é melhor do que você imagina*, documenta com precisão diversos avanços na expectativa de vida, condições de trabalho, acesso à água, segurança, saúde, educação, energia limpa, etc.

Mas, se olharmos para o futuro após a pandemia, veremos que os abismos econômicos aumentaram. E o conceito de abundância se vê questionado por milhões de pessoas que tiveram suas necessidades básicas ameaçadas.

A crise causada pela pandemia foi uma evidência de que os conflitos entre o passado e o futuro caracterizam o momento de transição que estamos vivendo. Saindo de uma economia industrial linear para a economia tecnológica exponencial.

> *Todos os desafios que enfrentamos como sociedade têm uma explicação econômica. Temos agora a oportunidade de enfrentá-los usando tecnologias exponenciais.*

Mesmo as guerras perdem o sentido em um mundo de abundância e eficiência econômica. O fundador do Twitter, Jack Dorsey, declarou em entrevista que tem grandes esperanças de que criptoativos "ajudem a criar paz mundial".

Para muitos pode parecer uma viagem digna de ficção científica. Porém, talvez ele esteja enxergando um futuro sem ineficiências e sem guerras cambiais que poucos ainda conseguem imaginar.

No mundo dos negócios o termo *future-proof* passou a refletir estratégias de empresas que querem ser perenes. Ou seja, que querem sobreviver ao futuro que é desenhado.

> *As melhorias incrementais nos trouxeram até aqui, mas serão os avanços exponenciais que moldarão o futuro da economia.*

Grandes pensadores da economia previram de forma direta ou indireta muitos dos acontecimentos sociais que estamos vivendo e ainda viveremos com o avanço acelerado da tecnologia. Falaremos mais sobre alguns deles nos tópicos a seguir.

Disrupção do Capitalismo, Inovação e Destruição Criativa

O capitalismo é um sistema evolutivo que passa constantemente por processos de destruição e reconstrução estruturais provocadas pela inovação. Essa é a tese central de um dos maiores pensadores econômicos da história, Joseph Schumpeter.

Ele é criador do termo "destruição criativa", adotado frequentemente pelas escolas de inovação. Schumpeter via o empreendedor como um dos pilares do capitalismo. E também aquele que era capaz de reconstruí-lo através de suas inovações. Ou seja, de provocar disrupções no capitalismo.

Contudo, a imprevisibilidade e aleatoriedade dos efeitos da inovação – e consequente dificuldade de modelagem matemática – fez com que as teorias econômicas modernas tratassem a inovação como fator externo aos modelos.

Mas, Schumpeter defendia que para entender o crescimento econômico era preciso considerar a inovação como fator interno. Para ser capaz de acelerar e melhorar a economia. Talvez isso esteja mais claro no mundo altamente tecnológico em que vivemos hoje.

> *Como a tecnologia se tornou questão de competitividade e sobrevivência para as empresas, a inovação tecnológica passou a fazer parte das estratégias de negócio.*

Não é nenhuma surpresa para Schumpeter. Ele previu em seus estudos que a inovação se tornaria tão importante para os negócios que poderia gerar um efeito negativo de concentração de poder nas grandes empresas detentoras de tecnologia.

Não é difícil observar isso acontecendo nos dias atuais. As *Bigtechs* são empresas de atuação e capilaridade mundial baseadas em tecnologias que criam valor simplesmente mudando as dinâmicas de diversos setores da economia.

Através de tecnologias novas, e por vezes disruptivas, acabam substituindo a velha maneira de fazer negócios. Consequentemente, destroem antigas indústrias que não foram capazes de entender a nova realidade da economia de base tecnológica.

A parte boa das teorias de Schumpeter é a previsão de que destruição criativa em todos os níveis da economia levará a um momento onde elementos de descentralização de poder e reivindicações sociais serão parte natural de um novo sistema que ainda não tem nome.

Portanto, a destruição do capitalismo seria uma consequência do seu próprio sucesso em aumentar a produção. Sucesso esse decorrente principalmente dos incentivos ao empreendedorismo para criação de inovações tecnológicas.

Ele escreveu: "a mudança em benefício das massas não é algo que foi imposto à sociedade capitalista por uma necessidade de aliviar a miséria dos pobres, mas ele eleva o padrão de vida das massas em virtude de seus efeitos automáticos".

Schumpeter não viveu para presenciar os efeitos do avanço exponencial da tecnologia na economia. E nem ver boa parte das suas teorias comprovadas.

Quando ele falou sobre os "efeitos automáticos" gerando um novo sistema capitalista com olhar mais social, talvez ele já pudesse prever tais fenômenos. Traduzidos neste livro como autoincrementos da produção devido à hiperconectividade e à hiperautomatização.

Schumpeter falava das barreiras político-econômica, mas não pôde prever o fenômeno da desmonetização e transações ponto a ponto, causando a necessidade decrescente de capital na economia. Não existia *Blockchain* na sua época.

Qual seria então a solução para o impasse decorrente de um modelo de crescimento econômico exponencial? Talvez encontrar um novo capitalismo baseado em máquinas? Sobre isso, refletiremos a seguir.

Capitalismo das pessoas, uma ajuda das máquinas

A beleza da complexidade da qual falamos anteriormente se inicia com sua pura simplicidade. A teoria evolutiva complexa narra como o universo começou com o que há de mais simples no universo. Pequenas partículas de matéria.

Ter uma visão integrada sobre problemas complexos do universo, da tecnologia e da economia não é tarefa fácil. Se você chegou até aqui, deve receber os parabéns!

Alguns dos conhecimentos sobre os quais conversamos neste livro são tecnicamente densos. Por isso, busquei passá-los de forma suave para que o interesse do leitor fosse priorizado, sem deixar de lado o conteúdo.

Imagine falar em detalhes sobre física, robótica, neurociência, biologia evolutiva, sistemas complexos e inteligência artificial. Isso tudo para ligar à modelagem da economia e propor uma nova forma de capitalismo. Seria viável?

Foi o que tentou James Albus ao longo da sua vida. Ele era formado em física, se tornou engenheiro da NASA e chefe da Divisão de Sistemas Inteligentes do Laboratório do NIST (Instituto Nacional de Padrões e Tecnologia, da sigla em inglês).

Albus abraçou o desafio de falar com profundidade sobre as interseções entre tecnologia e economia, abordando conhecimentos normalmente dispersos entre áreas, subáreas e especialistas que não falam a mesma língua. Desafio ousado que de certa forma também decidi abraçar com este livro.

Raramente encontramos discussões no campo da inteligência artificial que consideram as semelhanças e diferenças com o campo da neurociência, por exemplo. Assim como é raro encontrarmos neurocientistas – e economistas – que conheçam IA o suficiente para entender seus reais impactos. Sem fantasiá-los ou subestimá-los.

Albus foi um desses gênios desconhecidos. Ao olhar suas publicações, minha identificação e admiração pela sua trajetória foi imediata. No entanto, sua capacidade em conectar tamanha diversidade de assuntos não o ajudou a tornar suas ideias populares.

Seu jeitão "engenheiro nerd" deixa suas publicações e discursos incompreensíveis. Difíceis de chegar à grande audiência. É preciso ter certo conhecimento de cada uma das áreas que ele aborda para que a leitura faça sentido.

Mas, Albus viveu nosso período de digitalização em massa. E sabia que os conhecimentos se conectariam em algum momento do futuro. Embora enfrentemos barreiras.

> *Após o conturbado momento de transição que vivemos, as barreiras deverão ser quebradas pela evidência dos benefícios que a tecnologia traz.*

Suas ideias se concentravam basicamente em uma proposta prática e aplicável para a criação de um Fundo Mútuo Nacional em parceria público-privada. Esse fundo financiaria o investimento de capital no aumento da produtividade de novos negócios e indústrias socialmente benéficas com fins lucrativos.

Ele sugeria uma instituição multilateral concentrada em aplicar tecnologias diretamente aos problemas relevantes para as necessidades humanas.

Os lucros desses investimentos seriam pagos ao público em geral na forma de dividendos. Desse modo, o cidadão médio receberia renda independente dos empregos em fábricas e escritórios.

Todo cidadão adulto se tornaria um capitalista no sentido de derivar uma porcentagem de sua renda dos dividendos pagos sobre o capital investido.

Albus argumenta que essas propostas levariam a uma sociedade onde a propriedade sejam implementadas. E o poder econômico seriam amplamente distribuídos ao ponto em que todos os cidadãos se tornariam financeiramente independentes.

> *Um momento no qual as pessoas trabalhariam principalmente por prazer ou para obter benefícios monetários suplementares.*

Ou seja, continuaria a haver muitos incentivos para trabalhar. E muitos empregos disponíveis, mas ninguém seria forçado a trabalhar por necessidade econômica.

Para ele, uma diversidade de estilos de vida floresceria e as recompensas por novas realizações seriam altas. A prosperidade se manteria sem obsolescência programada, desperdício, poluição, permanecendo os preços estáveis. E isso acaba evitando a obrigação do contínuo crescimento econômico-financeiro.

Uma boa pista para a questão sobre como fazer a transição do modelo industrial para o modelo de Economia Exponencial pode estar no comprometimento com a criação de um tipo de fundo. Igual o mencionado.

A distribuição de dividendos e os modelos de *partnership*, onde a maioria dos colaboradores se tornam sócios da empresa, não são novidades entre as empresas de tecnologia.

Novos modelos de incentivos mantém colaboradores engajados. Esse é um bom caminho adotado pelas empresas que prosperam e crescem exponencialmente na economia.

A relação deixa de ser entre empregado e empregador. Todos passam a ser "donos" responsáveis pelo sucesso do negócio. Logo, quanto mais produtivo o ambiente se torna, menor é o custo marginal e maior será o lucro a ser distribuído a todos.

Economia sem empregos e Custo Marginal Zero

Um dos pensadores econômico-sociais da atualidade, Jeremy Rifkin, é conhecido por escrever livros de não ficção bastante polêmicos. Mesmo para os nossos dias atuais.

Rifkin afirma que a engenharia genética é a principal ferramenta da sociedade. Para ele, "com a tecnologia genética, assumimos o controle sobre os projetos hereditários da nossa própria vida". Além de usar animais geneticamente customizados para produzir medicamentos baratos para uso humano.

No seu livro *A sociedade com custo marginal zero: a internet das coisas, os bens comuns colaborativos, e o eclipse do capitalismo*, Rifkin expõe um paradoxo no cerne do capitalismo. O dinamismo empresarial inerente aos mercados competitivos que aumenta a produtividade e diminui os custos marginais agora está levando-o à morte.

O dinamismo de redução no custo marginal, sempre muito bem-vindo por economistas, não previu a possibilidade de uma revolução tecnológica que pudesse trazer custos marginais para quase zero, tornando bens quase gratuitos e abundantes. Não mais sujeitos às forças do mercado.

Rifkin fala sobre como sensores acoplados a recursos naturais estão alimentando uma rede neural global com uso de IoT. Sejam linhas de produção, rede elétrica, redes de logística, fluxos de reciclagem, implantados em residências, escritórios, lojas, veículos e até mesmo seres humanos.

Ele diz que a queda dos custos marginais está gerando uma economia híbrida. Parte mercado capitalista e parte bens comuns colaborativos. Onde centenas de milhões de pessoas estão transferindo suas vidas econômicas para a rede.

Para ele, o capital social se torna tão importante quanto o capital financeiro. Nisso, o acesso supera a propriedade e a sustentabilidade substitui o consumismo.

> *A cooperação elimina a competição e o "valor de troca" no mercado capitalista é cada vez mais substituído por "valor compartilhável" dos bens comuns colaborativos.*

Segundo suas teorias, o capitalismo permanecerá conosco. Embora em um papel cada vez mais simplificado. Principalmente como um agregador de serviços e soluções de rede.

Rifkin ainda afirma que setores-chave da economia estão substituindo rapidamente combustíveis fósseis em favor de energias solar e eólica cada vez mais baratas. E que novas oportunidades de negócios as acompanham.

Muitas das ideias de Rifkin se somam ao que vimos nos tópicos anteriores do livro sobre os impactos dos avanços exponenciais da tecnologia na economia. Já as outras podem parecer mera ficção ou utopia.

Vimos mais do que criar novas formas de relações econômicas. A tecnologia adiciona uma nova camada de inteligência que não foi modelada porque não segue modelos humanos, mas de máquina.

Até onde a IA pode realmente nos levar? Ficção, Utopia e Realidade

Nesse momento de transição entre o mundo industrial e o mundo tecnológico, correntes de pensamentos, opiniões técnicas e filosóficas se misturam para tentar entender o impacto futuro da inteligência artificial nas nossas vidas. Por isso, está cada vez mais difícil separar ficção da realidade.

Não é à toa que estamos vendo isso acontecer. Podemos dizer que estamos vivendo um período "anti utopia" de ideias, onde a ciência e tecnologia não têm limites que possamos enxergar. Na minha graduação, quando apresentei como proposta de trabalho final um óculos para filmar e consultar as aulas, a orientadora disse que era "utópico". E matou o projeto.

Não porque aquele podia ser o primeiro *smartglass* já criado (bastante improvável). Mas, porque a ideia era consultar por texto os momentos das imagens gravadas. E não havia sequer uma previsão de existir uma tecnologia que fizesse isso.

Trazendo para o presente, ao fazer uma pergunta no Google, e ele te responder no minuto exato da resposta com um vídeo no YouTube, já é tão comum que até passa despercebido o uso da inteligência artificial ali.

Contudo, no início do século (há pouco mais de 20 anos), nem uma pesquisadora acadêmica altamente qualificada era capaz de prever os avanços tecnológicos que estamos vivendo agora. É o crescimento exponencial que nossa mente de visão linear não é capaz de enxergar.

Na solução de pesquisa de vídeos do Google não há somente um único algoritmo de IA como costumamos imaginar, mas uma combinação deles. Sem uma visão ampla de combinação de tecnologias, uma única mente naturalmente limitada não seria capaz de conectar todos os pontos. E provavelmente essa solução nunca existiria.

É assim que temos avançando exponencialmente com a tecnologia, usando a criatividade humana para criar soluções novas.

Mas, e se o próprio computador soubesse escolher os melhores algoritmos? E se ele pudesse combiná-los, auto aprender e criar soluções sozinho? De novo, parece utopia ou ficção científica?

Pois, já existem ferramentas que fazem isso. E elas serão uma das bases para chegar ao que chamamos de Singularidade Tecnológica. Tendemos a pensar que esse é um momento mágico no tempo onde as máquinas terão a capacidade de pensar como humanos. Ou quando um algoritmo criará uma Super Inteligência.

Porém, esse é um processo silencioso e imperceptível — como a solução de busca em vídeos do Google — que tem como maior desafio a capacidade de entender conceitos abstratos como nós, humanos.

No entanto, esse é um problema que já começa a ser resolvido pelo que chamamos de "aprendizado de máquina automatizado". O primeiro passo para fazer a máquina aprender a aprender.

Ele é usado para auxiliar o trabalho dos cientistas de dados na identificação e escolha dos melhores algoritmos. E depende da criação dos denominados hiperparâmetros — uma tentativa de modelar conceitos abstratos.

Quando você digitaliza uma informação, os limites de processamento que podem ser realizados com ela são quase infinitos. E o universo está repleto de informações que agora estão sendo digitalizadas e salvas na nuvem. Desde o nosso DNA até o Bóson de Higgs — me perdoe se isso parece ficção novamente.

Como consequência, outras singularidades sutis surgirão no caminho para resolver problemas que a humanidade nunca antes pensou que pudesse resolver. Mas, para isso acontecer, vamos precisar saber atravessar esse momento de transição, revendo premissas do passado.

Nunca se imaginou ter tantas informações disponíveis. A economia que conhecemos foi baseada em incertezas, que serão substituídas por respostas das máquinas em tempo real. Seja sobre o governo, o produto, o produtor ou o consumidor.

Se tentasse responder, em uma única sentença, à pergunta-título do tópico: até onde a Inteligência Artificial pode realmente nos levar? A resposta certa seria: "Até onde quisermos!".

Meditando com inteligência artificial

Para o historiador Yuval Harari, o uso da inteligência artificial coloca a humanidade em risco porque a estupidez humana não tem limites quando se trata de usar novas tecnologias para fins escusos. Como já mostrado na história. Por isso, a energia nuclear é um bom exemplo para tal.

Como historiador, é de se esperar que ele faça o *link* entre passado, presente e futuro. Mas, com os conhecimentos sobre economia e tecnologia que vimos até aqui podemos fazer uma análise mais aprofundada sob essa ótica.

Não há dúvidas de que o mercado de trabalho irá mudar radicalmente nas próximas décadas. E consequentemente, a economia. Portanto, é claro que nós temos que nos preparar para isso. Mas, a forma de encarar essas mudanças pode ser positiva ou negativa. É o que faz toda a diferença.

Um olhar positivo não significa um olhar ingênuo, mas manter o foco em resolver os problemas naturais de qualquer grande mudança. Podemos deixar para Hollywood gastar tempo alardeando o apocalipse exterminador.

A inteligência artificial não é ameaça, ela é a solução contra a ameaça.

O uso político e escuso da tecnologia sempre existiu em diversas áreas. E esse tipo de argumento pode atrasar a evolução. E consequentemente, uma solução à real ameaça: a estupidez humana (ou limites da racionalidade, se preferir).

Nós vivemos o momento mais extraordinário da humanidade. Pela primeira vez na história temos tecnologia suficiente para fazer revoluções sociais a partir das nossas garagens. Vide o *Blockchain*. Uma iniciativa *open-source* que descentraliza e democratiza diversos serviços de registro, tirando o monopólio de empresas e governos.

Quem acha que chineses e americanos estão isolados em uma nova Guerra Fria pela supremacia do uso da inteligência artificial está subestimando os próximos Mark Zuckerbergs e Bill Gates que neste momento estão trabalhando em suas garagens com o poder ilimitado das nuvens.

É claro que quem tem mais dinheiro sai na frente. Mas, não existe nada que um programador do Brasil não possa fazer em relação a um programador de uma *startup* bilionária na China. Até porque os códigos dos dois estão no GitHub. Ou, se ainda não estiverem, em algum momento estarão.

Essa é a beleza da evolução tecnológica. Mais cedo ou mais tarde ela será democratizada. Não sem dor, mas sem volta. Todo historiador sabe disso. É por esse processo, realizado por empreendedores, que hoje tenho mais conforto no meu quarto do que o Rei Arthur tinha no seu castelo medieval.

A revolução da IA é na verdade uma revolução muito maior. Ela é a revolução da própria inteligência.

Ela é a oportunidade que temos de acabar com a estupidez humana. Seja a minha, a sua ou a do Yuval Harari. Pois, todos temos vieses e desvios cognitivos irracionais. Harari e eu temos uma coisa em comum: praticamos a mesma técnica de meditação, chamada Vipassana (popularizada em muitas variações como *mindfulness*).

Essa técnica tem como fundamento a percepção da realidade como ela é. Sem julgamentos ou modelos preestabelecidos. Ela usa as sensações no corpo, principalmente de prazer e dor, para trazer clareza sobre a formação dos conteúdos mentais (ou processos cognitivos) subconscientes que afetam a tomada de decisões.

É uma boa forma de explorar na prática como os Sistemas 1 e 2, ensinados por Daniel Kahneman, funcionam nas nossas mentes. Com o tempo é possível analisar como os modelos de pensamento são construídos, o modo que eles influenciam nossa percepção da realidade, e consequentemente, como nos levam a tomar decisões viesadas ou irracionais. É um exercício que ajuda também a entender as diferenças e semelhanças entre a cognição humana e a cognição de máquina.

> *Não há limites para a inteligência de máquina, além dos impostos pelos sensores biológicos.*

Você vai precisar ficar dez dias em um retiro de silêncio absoluto se quiser começar a praticá-la, meditando das 4h30 às 21h. Por aí já dá para ter uma ideia de como essa experiência pode mudar a sua percepção da realidade.

No livro *Sapiens – Uma breve história da humanidade*, Yuval diz que "algo só é real se pode sofrer". Então, corporações e governos não são reais, mas as pessoas por trás sim.

Já no livro *Homo Deus* ele diz que "perseguimos avidamente o prazer sem perceber que isso é só uma reação à sensação do corpo e nada tem a ver com o objeto externo". Sua obra tem evidências claras da busca de respostas através da meditação Vipassana.

Entretanto, entender a estupidez humana é bem mais fácil. Não é preciso se isolar em um retiro de meditação para perceber os caminhos e desvios cognitivos da mente.

Basta olhar para o nosso mundo abundante (cada vez mais, com o avanço da tecnologia) e ver que ainda temos pessoas passando fome por questões meramente políticas.

Agora, é um pouco mais complexo entender como a inteligência artificial pode acabar com essa estupidez. Tem que entender de matemática avançada (ou de algoritmos) e de comportamento humano (ou de neurociência). Daí, surgem duas grandes questões que sempre acaloram essas discussões.

A primeira é que um programador nunca sabe exatamente o que o algoritmo de IA fez internamente para chegar a um resultado, criando uma espécie de caixa-preta que pode se voltar contra nós. E a segunda é que a IA vai explorar as brechas comportamentais humanas em favor de quem tem mais poder. Vide o caso *Cambridge Analytics* na influência das eleições americanas. Mas, vamos por partes.

Primeiro, qualquer coisa digitalizada pode ser lida. Não existe caixa-preta. Mas, é verdade que a complexidade matemática acaba tornando alguns códigos incompreensíveis para humanos. Por isso, existem outros programas para fazer engenharia reversa nesses algoritmos e explicar os caminhos decisórios.

São os chamados *Fairness Algorithms* (algoritmos de justiça). Esse é um programa de IA que lê outros programas de IA para identificar os caminhos que influenciaram no resultado final. Eles também são capazes de verificar vieses e *blindspots* que a máquina pode ter deixado para trás.

Portanto, é bem mais fácil analisar qualquer coisa no mundo digital do que no mundo biológico. Ou na mente dos humanos – essa sim ainda é uma caixa-preta. Por isso, Yuval Harari usa boa parte do seu mais recente livro (*21 lições para o século 21*) para nos convencer a meditar. O que nos leva para a segunda questão.

Perceber e entender o comportamento humano é a nossa oportunidade de parar com as decisões estúpidas que são feitas na nossa economia e na sociedade como um todo.

Os últimos ganhadores de prêmios Nobel de Economia Comportamental, Daniel Kahneman e Richard Thaler, já nos mostraram alguns caminhos.

Você pode explorar o comportamento humano para aumentar o consumismo ou para criar políticas públicas que tornem o ciclo econômico mundial mais sustentável. É uma questão de escolha.

Na meditação estamos de certa forma hackeando nosso comportamento, fazendo da própria experiência um experimento neurocientífico. Ele percebe que o processo cognitivo gera ego, emoções e sensações no corpo.

Aliás, esse é um excelente exercício para quem quer saber se as máquinas vão adquirir consciência. O que de certa forma é uma consequência do processo de associações e criações de significados da nossa evolução.

Volta e meia os neurocientistas colocam eletrodos nas cabeças de monges, pois eles querem saber o que está passando por ali. Querem desvendar a nossa caixa-preta para entender como as associações e os aprendizados acontecem. Como um programador faz com códigos de inteligência artificial, só que de trás pra frente.

Em uma palestra, Yuval Harari, disse que estamos vivendo o momento mais pacífico da história. E que agora mais gente morre por escolhas pessoais e coletivas estúpidas do que por desavenças entre nações. Para ele, ser nacionalista é ter uma visão globalista, porque nenhuma nação que busque prosperidade pode mais viver isolada.

> *A expansão da nossa inteligência, individual e coletiva, passará pelo uso adequado da inteligência artificial.*

O processo evolutivo nos fez confiar mais em humanos do que em máquinas. Mas, do ponto de vista científico, nós é que somos as caixas-pretas e a inteligência artificial é a oportunidade que temos de nos tornar de fato uma espécie inteligente. No sentido mais amplo da palavra.

Confrontando vieses humanos

Quando o conhecimento econômico é transformado em dados e processos digitalizados, a tecnologia e a economia se tornam uma única disciplina que vai demandar de profissionais que saibam trabalhar nesse novo cenário. Principalmente com inteligência de dados dentro das organizações.

Nossa resistência em deixar que as máquinas direcionem a economia é como achar que dirigir um carro é mais seguro do que voar de avião. É um viés cognitivo, um medo irracional alimentado pela falta de conhecimento e dificuldade de abrir mão de "estar no comando".

Por vezes, esse temor é alimentado pelos próprios especialistas que projetam a tecnologia. Um programador que desenvolve uma solução específica para uma indústria não consegue ter a visão sistêmica e interdisciplinar que permite uma orquestração eficiente e segura da economia.

Talvez vencer esses preconceitos demande atingirmos um nível de maturidade na digitalização que permita aos tomadores de decisão acessarem *dashboards* resumidos e coloridos. Para que a complexidade seja simplificada a olho nu – mais um bom motivo para revermos as profissões do futuro.

Faça um exercício hipotético: tente imaginar que amanhã você irá acordar em um mundo onde todos os profissionais trabalham nas áreas de ciência, tecnologia, engenharia ou matemática. As STEM (Science, Technology, Engineering, and Mathematics, na sigla em inglês).

Quantas décadas levariam para que a humanidade automatizasse todas as funções da economia e erradicassem de vez a pobreza do planeta?

É um exercício pragmático. E você pode se perguntar: qual seria o espaço para a humanidade nesse cenário? Talvez nenhum nas cadeias de produção. Por isso, precisamos separar a função social da função econômica na humanidade.

A Era Industrial nos condicionou a conferir significado e propósito humano à realização social através do trabalho. Para a grande maioria da população, prosperar tem relação com o tamanho do cheque de salário que chega no final do mês.

Por vezes abrimos mão da saúde e até mesmo de princípios humanos para progredirmos rumo a essa pretensa felicidade. Qualquer sistema, para funcionar bem, precisa priorizar onde empregar a energia disponível. Não é diferente com o nosso sistema biológico. Possuidor de uma quantidade limitada de energia.

Em um mundo continuamente enriquecido pelos avanços da tecnologia, cada atual trabalhador que usa sua energia biológica para atender às suas necessidades de sobrevivência na sociedade poderá se voltar para questões que consideramos mais humanas. Entre elas, cuidar do planeta, das outras pessoas e da própria consciência. Bem como se dedicar à filosofia, às artes ou à poesia.

> *A tecnologia aplicada à economia pode tornar o mundo mais humano, não o contrário.*

Talvez isso fique um pouco difícil de perceber no novo momento de transição e conflito entre os modelos econômicos. Mas, vamos conseguir olhar e aplicar esse conhecimento nas nossas profissões e organizações mais à frente.

O receio alimentado pelos filmes apocalípticos de Hollywood de que a inteligência artificial possa destruir a humanidade só se tornaria uma ameaça real em um cenário no qual todos os elementos físicos do universo fossem digitalizados. E que não fosse implementado nenhum controle de acesso biológico humano. Pura ficção científica.

> *A ideia de competirmos com as máquinas não é um retrato acurado do futuro. A verdade é que o futuro seria chato para um filme porque tudo acaba funcionando melhor.*

O filme *Blade Runner*, lançado em 1982, previa um planeta em 2020 árido, extremamente populoso e com robôs idênticos aos humanos. Nada disso aconteceu, mas permeia o consciente coletivo. Por isso, acredito que vale falar mais sobre o espaço da humanização em um mundo repleto de máquinas.

A minha experiência de participar do *Burning Man* foi um grande ensaio experimental de como será o mundo repleto de máquinas e de como a economia pode funcionar em ambientes sem moeda, ou seja, espaços desmonetizados.

A racionalidade de máquina se junta à humana para confrontar modelos de comportamento e pensamento econômicos em direção a um novo futuro, onde o resultado gerado cria um mundo de colaboração e abundância.

Junto com a IA, e o avanço de outras tecnologias, novas aspirações humanas deixam de ser utopia e passam a fazer parte das agendas das novas gerações. Veremos isso a seguir.

Aspirações humanas avançam com a Tecnologia

O termo *Aspirationals* foi criado para englobar uma camada da sociedade que compartilha novos valores. Algo que começa a aparecer com mais frequência. O aumento da educação e da capacidade de comunicação via redes sociais deu o poder e a voz de que eles precisavam para se revelar.

Aspirationals têm em média 40 anos, representam mais de um terço do total da população mundial economicamente ativa e estão mais presentes nas gerações mais novas. Eles estão distribuídos entre *millennials* (35%), geração X (34%), *baby boomers* (20%) e seniores (11%), segundo estudos da consultoria GlobeScan.

O avanço da tecnologia, o maior acesso à informação e a produtos de necessidades básicas podem justificar sua tendência de crescimento nas gerações mais novas.

O aumento da voz dos *Aspirationals* está ajudando a criar um "novo capitalismo" que já foi exposto em manifesto conjunto das 180 maiores empresas americanas. Elas sabem que para sobreviver no longo prazo vão precisar se adaptar aos novos valores emergentes na população, que estão além do lucro.

Isso não quer dizer que o lucro e o crescimento econômico não importam – *Aspirationals* consomem e querem ter muitas experiências. Mas, as empresas e os governos devem estar alinhados com questões de sustentabilidade para eles. Tanto em relação ao meio ambiente quanto ao bem-estar social – que em última análise é o objetivo de toda a economia.

As maiores prioridades na agenda dos *Aspirationals* são meio ambiente, combate a corrupção e extrema pobreza, e garantia dos direitos humanos.

O avanço inevitável das tecnologias exponenciais, principalmente Inteligência Artificial, fará com que esse movimento continue acelerando.

Temas como meio ambiente e direitos humanos – ligados ao trabalho – são difíceis de se tornarem prioridades nas agendas de países emergentes que seguem o modelo industrial.

Alguns economistas tradicionais justificam o crescimento passado dos países desenvolvidos – e mais recentemente da China – à liberdade de infringir regras de meio ambiente e direitos humanos. E por isso, defendem que países em desenvolvimento sigam os mesmos passos.

A razão deles pode ser encontrada nos indicadores da economia industrial, mas o avanço das tecnologias está nos distanciando dela cada vez mais.

O surgimento de novos arranjos econômicos cresce a passos exponenciais, desestruturando muitos dos modelos econômicos montados no século passado. Ficar preso a eles é mero apego ou estratégia protecionista.

Não se trata somente da nova economia digital, mas da economia real com todas as suas necessidades de criação e distribuição de recursos para resolverem os grandes desafios globais.

As tecnologias estão tornando as cadeias de produção e suprimento cada vez mais eficientes. Um mundo com pouca necessidade de trabalho humano e sem escassez de recursos é uma questão de tempo. Assim, surge uma Economia Exponencial.

Espalhar tecnologia para todos os cantos do planeta acelera o progresso mundial, permitindo melhorar a educação, o poder de comunicação, a capacidade de interação e dar acesso à ferramentas de produtividade que dinamizam as economias locais.

Governos que se protegem da globalização ou dos avanços da tecnologia podem ver melhorias momentâneas em alguns indicadores industriais. Porém, no futuro vão fazer sua população pagar pelo atraso.

As brigas protecionistas entre governos dificilmente representam as vontades das suas populações. Contudo, a comunicação concentrada na mão de poucos tornava difícil perceber isso.

Somos seres sociais. E agora nos comunicamos livremente pelo mundo digital, compartilhando ideais que extrapolam sistemas políticos, classes sociais, gerações, etnias e fronteiras.

Novas aspirações ganham projeção com a tecnologia. A GlobeScan resumiu seus resultados em cinco aspirações humanas presentes no grupo. Veja no quadro a seguir.

Abundância sem desperdício	Usar criatividade para evitar a escassez.
Verdade como ela é	Aceitar as imperfeições e mostrar a verdade.
Estar mais próximo	Saber quem são as pessoas por trás das marcas.
Ter de tudo	Poder experimentar e consumir o que o progresso nos traz.
Fazer algo bom	Saber como impactar de forma positiva o mundo.

A pesquisa avaliou o comportamento e os valores de 22 mil pessoas ao redor do mundo. Um resultado que reafirma o otimismo que sabemos que podemos levar para dentro de todas as camadas da sociedade.

Essa é uma camada da população mundial que conseguiu sair da zona de necessidade para viver a abundância, percebendo que riqueza é mais do que dinheiro. É o que nos dá valor.

Franchise Freedom é uma instalação de arte performática da DRIFT realizada durante o *Burning Man* para explorar a relação entre o homem, a natureza e a tecnologia. Um enxame de drones questiona o conceito humano de liberdade e construção social. Ele o convida a ver um lado poético da inovação técnica e se conectar novamente com a natureza. Com base em um algoritmo biológico de mais de 10 anos de pesquisa sobre o comportamento de voo dos estorninhos, a obra de arte estende os limites entre a natureza e a tecnologia, gerando uma conexão social impactante. Créditos: videógrafo Arjen van Eijk e diretor Sergio Abuja.

Recado final

Minha viagem em direção à criação do Modelo de Crescimento Econômico Exponencial começou no *Burning Man*, como contei. E prosseguiu na Singularity University até chegar neste livro.

O fato do festival ser próximo ao Vale do Silício atrai o público que circula no entorno das grandes empresas de tecnologia. Entre curiosos e aventureiros, estão presentes algumas das mentes mais criativas e ousadas das empresas focadas em inovação. Além de alguns ganhadores de prêmios Nobel.

Poucos sabem que o *Burning Man* começou de forma despretensiosa com dois amigos, Larry Harvey e Jerry James. Eles construíram um homem de madeira em Baker Beach, São Francisco, e depois o queimaram.

O evento criou um efeito de rede, cresceu e se tornou uma comunidade participativa. Transferido para o deserto de Nevada, continuou atraindo um número cada vez maior de pessoas para aquela cidade construída pelos próprios habitantes.

A grande escultura de madeira, localizada bem no centro da Playa, representa a história do evento que deu origem ao festival. O homem em chamas a que se refere não é um indivíduo, uma ideia ou uma ideologia a ser descartada, mas tudo aquilo que não sabemos explicar apenas com palavras.

Os promotores do ritual se reúnem e criam condições para que possam realizar o seu trabalho na esperança de uma economia melhor, desmonetizada e abundante.

No *Burning Man* fui conectando os pontos e imaginando uma ponte que poderia nos ajudar a atravessar o conturbado momento de transição que estamos vivendo até chegar à Economia Exponencial. Uma ponte pavimentada pelo conhecimento e pela tecnologia.

É extretamente marcante viver por uma semana em uma cidade criada para funcionar por meio de uma economia abundante e desmonetizada, cercado por pessoas que têm incentivos para colaborar e elaborar um ambiente coletivo harmônico.

É uma satisfação enorme unir essa experiência vivencial ao meu conhecimento técnico, adquirido em anos de acesso privilegiado à educação sobre tecnologia e economia, para passar a mensagem de forma simples a você.

Tentei reproduzir alguns dos momentos que vivi no deserto enquanto era impactado por artes que buscavam representar de forma lúdica como era estar em um mundo repleto de máquinas.

Em meio a tempestades de areia e a passeios de bicicletas iluminadas por luzes coloridas durante a noite, era convidado a todo momento a reimaginar a sociedade em que vivemos.

Uma das artes formava um casal abraçado com uma abertura em formato de coração. Durante o dia parecia somente um buraco vazio qualquer, mas à noite luzes de projetores criavam formatos e cores que davam significados distintos para relação humana.

O sofisticado, suave, sublime espetáculo de drones utilizou algoritmos de inteligência artificial e arte para questionar conceitos sobre humanidade e construção social. Me levando a repensar na economia.

Deixei no livro uma foto com o pianista orquestrando harmonicamente aquele *ballet* de drones no céu. Mas, recomendo fortemente que assista ao vídeo inteiro disponível no conteúdo extra do livro.

Ele já me ajudou inúmeras vezes em palestras, treinamentos e consultorias a mostrar como a tecnologia pode fazer muito mais pela economia. E da maneira certa: através das pessoas.

Pessoas e máquinas. Tecnologia e economia. Juntas, criando um novo futuro. Uma mistura que não estamos acostumados e que somente uma contracultura como a do *Burning Man* poderia me ajudar a revelar.

Não há respostas definitivas. Apenas pistas deixadas por pensadores e estudiosos como Kurzweil, Diamandis, Kahneman, Thaler, Schumpeter, Rifkin, Albus. E agora eu. Feliz em poder contribuir com mais uma migalha no universo do conhecimento.

Se você ainda tiver dúvidas, fique com meu melhor palpite: vale a pena o esforço para construir um futuro de mais abundância e prosperidade para todas pessoas que nos cercam.

Espero que você possa usar este livro para conectar pontos. E também criar um novo olhar com sua dose de ousadia. Nada que outros já não tenham provado que podemos fazer.

Não por crenças ou por ideologias, mas pelo avanço do conhecimento e da tecnologia que nos permite enxergar e conectar novos pontos, antes ignorados.

Porque a educação começa com conhecimento, se expande para o pensamento e se transforma em cultura. A cultura se encarrega de mover o coletivo, seja de uma família, de uma comunidade, de uma empresa ou de um país. Ela nos guia, por vezes inconscientemente, ditando o que acreditamos ser possível fazer.

Meu desejo final para todos nós com este livro é que tenhamos coragem de acreditar, educar e fazer.

REFERÊNCIAS

MIGNOT, S.; VIGNES, A. The Many Faces of Agent-Based Computational Economics: Ecology of Agents, Bottom-Up Approaches and Paradigm Shift. 2020. Disponível em: <https://journals.openedition.org/oeconomia/8222>.

HODGSON, G. Darwinism in economics from analogy to ontology. 2002. Disponível em: <https://citeseerx.ist.psu.edu/viewdoc/download?doi=10.1.1.473.3413&rep=rep1&type=pdf>.

DAL FORNO, A.; GRONCHI, G.; MERLONE, U. Binary choices dynamics with quantum decision. 2021. Disponível em: <https://doi.org/10.1016/j.jmp.2021.102509>.

KATOCH, S.; CHAUHAN, S.S; KUMAR, V. A review on genetic algorithm: past, present, and future. 2021. Disponível em: <https://doi.org/10.1007/s11042-020-10139-6>.

YING, B. On the comparison of model-based and modeless robotic calibration based on a fuzzy interpolation method. 2007. Disponível em: <https://www.semanticscholar.org/paper/On-the-comparison-of-model-based-and-modeless-based-Bai/5427764b35fde3f6019f1f9a12bce7299042ee64>.

DANEKE, G. A., Machina-economicus or homo-complexicus: Artificial intelligence and the future of economics? 2020. Disponível em: <http://www.paecon.net/PAEReview/issue93/Daneke93.pdf>.

YAN, D.; XI, C.; REIN, H.; JOHN, S.; PIETER, A. Benchmarking Deep Reinforcement Learning for Continuous Control. 2016. Disponível em: <https://www.researchgate.net/publication/301648324_Benchmarking_Deep_Reinforcement_Learning_for_Continuous_Control>.

Lei de Moore. Disponível em: <https://www.intel.com.br/content/www/br/pt/history/museum-gordon-moore-law.html>.

KURZWEIL, R. The Law of Accelerating Returns. 2001. Disponível em: <https://www.kurzweilai.net/the-law-of-accelerating-returns>.

BOLDYREVA, E. Cambridge Analytica: Ethics And Online Manipulation With Decision-Making Process. 2018. Disponível em: <https://www.researchgate.net/publication/330032180_Cambridge_Analytica_Ethics_And_Online_Manipulation_With_Decision-Making_Process>.

MARIN, S.R.; FERNANDEZ, B.P.M. Rethinking Economic Methodology: Complexity, Agent-based models (ABMs) and Individuals. 2018. Disponível em: <https://www.anpec.org.br/sul/2018/submissao/files_I/i1-0fa7ccbdcd35a-305dd39eeea118d9c0a.pdf>.

MARKOPOULOS, E. et al. Gamification Reshapes the Global Economy: From Industrial Revolution to the Global Knowledge Revolution. 2017. Disponível em: <https://www.researchgate.net/publication/315691619_Gamification_Reshapes_the_Global_Economy_From_Industrial_Revolution_to_the_Global_Knowledge_Revolution>.

SAKAKI, S.; Equality in Income and Sustainability in Economic Growth: Agent-Based Simulations on OECD Data. 2019. Disponível em: <https://doi.org/10.3390/su11205803>.

FARMER, J.D. Economics needs to treat the economy as a complex system. 2012. Disponível em: <https://www.ineteconomics.org/uploads/papers/farmer_berlinpaper.pdf>.

TURRELL, A. Agent-Based Models: Understanding the Economy from the Bottom Up. Bank of England Quarterly Bulletin, 2016, Q4. Disponível em: <https://ssrn.com/abstract=2898740>.

CAMERER, C.F.; HO, T. Game Theory with Economic Applications, vol 4, Elsevier, 2015. Disponível em: <https://www.sciencedirect.com/science/article/pii/B9780444537669000100>.

SOUZA F.C.; REGO, L.C., Collaborative dominance: when doing unto others as you would have them do unto you is reasonable. 2013. Disponível em: <https://doi.org/10.1590/S0101-74382013005000005>.

KAHNEMAN, D.; TVERSKY, A. Judgment under uncertainty: heuristics and biases. 1974. Disponível em: <http://www.math.mcgill.ca/vetta/CS764.dir/judgement.pdf>.

_____. Prospect Theory: An Analysis of Decision Under Risk. Econometrica, journal of the econometric society, 1979. v. 47, n. 2, Disponível em: <http://www.jstor.org/stable/1914185>.

_____. The framing of decisions and the psychology of choice. American Association for the Advancement of Science, 1981.

KAHNEMAN D, Maps of Bounded Rationality: Psychology for Behavioral Economics. American Economic Review, 2003.

KAPLAN, S. et al. How Do Venture Capitalists Make Decisions? Harvard Business School, 2016.

KIMURA, H.; CRUZ, L.; KRAUTER, E. Paradoxos em Finanças: Teoria moderna versus Finanças comportamentais. RAE, 2006. Disponível em: <http://www.scielo.br/pdf/rae/v46n1/v46n1a05.pdf>.

JENSEN, M.C; MECKLING, W.H. Theory of the Firm: Managerial Behavior, Agency Costs and Ownership Structure. Harvard Business School, 1976.

LEAMON, A.; HARDYMON, F.; LERNER, J. Venture Capital, Private Equity, and the Financing of Entrepreneurship, Wiley, 2011.

RAO, A,; SCARUFFI, P. A History of Silicon Valley. The Greatest Creation of Wealth in the History of the Planet, Omniware Group. 2011.

SIEGEL, S. Estatística Não-paramétrica Para as Ciências do Comportamento. São Paulo: McGraw-Hill, 1975.

SIMON, H. Theories of Bounded Rationality. In: MCGUIRE, C.B.; RADNER, R. (Eds.), Decision And Organization (pp. 161-176). Amsterdam: North-Holland, 1972.

SOLOW, R. M. A Contribution to the Theory of Economic Growth. The Quarterly Journal of Economics, Vol. 70, No. 1. MIT. Press. 1956.

YAZDIPOUR, R. What can venture capitalists and entrepreneurs learn from behavioral economists? Wiley InterScience DOI: 10.1002/jsc.851, 2009.

ARTIGOS

https://www.economics.ku.dk/staff/vip/?pure=en%2Fpublications%2Feconomic-darwinism(51ed66d0-85d6-11db-bee9-02004c4f4f50).html

https://medium.com/paratii/ads-didnt-kill-content-monetisation-our-lack-of--imagination-did-130b907ad324

https://www.geeksforgeeks.org/top-10-algorithms-every-machine-learning-engineer-should-know/

https://www.amazon.com/Algorithmic-Leader-Smart-Machines-Smarter/dp/1989025331/

https://www.weforum.org/agenda/2019/07/ai-human-imagination/

https://www.cnbc.com/2021/07/21/jack-dorsey-hopes-bitcoin-will-help-bring-about-world-peace.html

https://pt.slideshare.net/ipietro/8-modelsformonetizingdigitalcontent

Eight Models For Monetizing Digital Content Ad Revenue Softens, And Publishers Seek New Ways To Make Content Pay by Sarah Rotman Epps with Mark Mulligan and Erik Hood

ÍNDICE

Símbolos

5G 101, 157
6Ds 29
1984 189

A

abordagem reducionista 44
abstrações semânticas 48
abundância 26
ação 7, 22
aceleração exponencial 114
acionistas 80
adaptação 48
adição 71
administradores 56
Adobe 156
agente-crítico 190
agentes 20
   econômicos 32
Agricultura 143
Agropecuária de Precisão
   42
Airbnb 156
Alexa 65
algoritmos
   de justiça 208
   evolutivos 52
   genéticos 127
altruísmo 123
Amazon 29, 47, 65, 80, 82,
   83, 103
ambiente 7
   financeiro 40
   virtual 32
Amos Tversky 55, 56
análise
   de litígios 61
   histórica 72
análises comportamentais
   20
analógico 30, 122
Analytics 160
anúncios 182
aparato 107
   sensorial 54
aparelho material 35

aplicação 40
aplicativo 21
apocalipse exterminador
   204
Apple 159
aprendizado 52
armadilhas 27
arquitetura 15, 31
arte 170
artificial 57
artifício 22
Aspirationals 213
assimetrias 78
associação de dados 116
asterisco 75
Atividades 68
ativista 23
ativos
   econômicos 79
   imateriais 111
autenticidade 94
autoconfiança 7
autoincremento 24, 43
automatização 59
automobilística 103
autônomos 59
autoprodução 75
autoridade 130
avaliação 31
avanço 19
   exponencial 15
aventureiros 220
Azure 159

B

B2B 106
B2C 106
baby boomers 213
bagagem cultural 174
balanço 151
ballet 99
banco 31
   central 79
   comportamental 134
barreiras 36, 43
base
   industrial 16

tecnológica 4
bate-papo 101
bem-estar 130
benefícios 96
   econômicos 81
big data 58
Big Techs 156
biologia 37
   evolutiva 51
biológica 31
biometria 49
Biotecnologia 113
Bitcoin 86, 93, 95
Black Rock 7
blindspots 208
Blockchain 84, 86, 95
boards 180
bolha imobiliária 86
Bolsa de Valores 91
   Brasileira 91
bots 64
bottom-up 46
Brasil 144
bugs 144
bull market 86
Burning Man vi, 1, 4, 7, 8,
   9, 12, 15, 81, 107,
   80, 104, 123, 176, 8,
   212, 220
Business Intelligence 160

C

cadeia
   de produção 63
   financeira 87
caixa-preta 208
Cambridge Analytics 208
cancelamento social 172
capacitação 34
capital 43
capitalismo
   3.0 122
   consciente 122
captação 117
captura massiva de dados
   48
caráter emocional 20

carreira corporativa 8
carteiras digitais 87
cartões de crédito 94
cases 33
CBDCs 96
Centro de Pesquisas 25
CEOs 8
cérebro humano 48
chatbots 137
chip 50
cidadão 101
cidades inteligentes 58
ciência 27
   da computação 51
ciências
   comportamentais 118
   Econômicas 71
cientistas 16
classes sociais 215
cliente-servidor 154
clusterizar 160
cocriação 145
código aberto 121
códigos binários 49
cognitivos-comportamentais 118
colaboração 7, 77
coletivo 4
comercial 96
companhia 31
competição 146
complexidade 44
compreensão 57
computação
   na ponta 152
   quântica 142
computador 93
comunicação 50
comunidade 7
conceito 55
concorrência 83, 159
condições sociais 16
conectividade 101
conexão 59
confiabilidade 84
confiança 7
configuração 105
conflito 73
conhecimento 4, 68
   futurista 26
consenso 95
construção 41
consultoria 84
consumidores 15, 28

consumo 41
conta bancária 50
contas públicas 92
contato logístico 41
contexto 54
contracultura 4
contratos 43
   inteligentes automatiza-
     dos 95
   programáveis 187
convergência 177
conversão 94, 95
corporações 84
corretoras 90
Covid-19 57
credibilidade 122
crenças 141
crescimento tecnológico 21
criatividade 8
   exponencial 151
   humana 41
criptoativos 43, 93, 94, 95,
    96, 193
Criptografia 94
criptomoedas 94
críticos 171
cultura 4, 45
cunho ideológico 27
custo
   acessível 31
   marginal 3
   zero 200
cyberpunk 189

D

dado acessível 88
dados 14
   digitais 117
dashboard 179
data driven 160
Decentralized Autonomous
    Organizations 175
decepção 34
Deezer 52
demanda 20, 44
democratização 19
depreciação 79
descentralização 112
desconto 138
descritivo 159
desempenho 52
Desemprego estrutural 78
design 170

fiction 189
   Thinking 164
desigualdades 71
Desmaterialização 35
Desmonetização 36
destruição criativa 4
desvantagem 54
diagnósticos 31
dicotomia 130
difusão 91
digital 30
digitalização 3, 23
diminuição de custos 84
dinâmica econômica 68
dinamismo 60
dinheiro 7
direita 141
direitos de uso 182
disciplina 29
   econômica 68
Discovery Bank 167
discursos políticos 45
discussões empresariais 154
disposição 69
dispositivos 32
disrupções 3
   silenciosas 14
distópico 129
distribuição 41
   de renda 74
diversidade 171
dividendos 198
divisas 95
DNA 37
DoEconomy 167
dólar 79
domínio público 62
downloads 182
DRIFT 219
drones tripulados 65

E

ecologia 121
e-commerce 34
economia
   Comportamental 53
   da atenção 131
   desmonetizada vi
   Digital 42
   Exponencial 5
   global 15
   real 78
econômico-social 7

economista 13
ecossistema 80
educação 3
efeito
 estufa 143
 manada 172
efeitos automáticos 196
eficiência 16, 34, 181
 do trabalho 70
egoísmo genético 123
elementos 40
emissor 93
emoção 168
empoderamento 139
empreendedores 8
emprego 180
empresa 4
 inovadora 35
empréstimos 95
energia
 criativa 7
 nuclear 204
engajamento 168
engenheiros 97
entidade 90
entretenimento 36
enunciados 171
equação 70
equilíbrio evolutivo 127
equipe 152
 econômica 59
Era
 da Informação 27
 da Inteligência 147
 Digital 4
 Industrial 17
 moderna 9
 Tecnológica 3
erro 126
escala 71
 global 58
escassez 26
escolhas econômicas 56
escravidão 68
escritórios 200
esferas de liderança 114
esforço físico 77
especialista 114
especialização 68
espécie 93
espetáculo secundário 153
esquerda 141
estado 31
estatísticas 62

estímulo-resposta 118
estratégia 16, 113
estratégias
 corporativas
 industriais 106
estrutura mental 32
Estudos do Futuro 191
etnias 215
evolução 26
exercícios básicos 116
Exonomics 22
expansão 86
 monetária 85
experiência 4, 26
 interativa 52
experiências virtuais 97
experimentação 27
experimento 7
expert 26
explosão 95
exposição 48
extensão 116
extinção 119

F

Facebook 172
face humana 49
Fairness Algorithms 208
falsa memória 49
fase 35
fato 49
fatores de produção 69
fator exclusivo 73
feedback-loop 117
fenômeno 63
 exponencial 173
ferramenta 63
fiat 93
ficção científica 31, 193
fidelização 168
filosofia 68
finanças 26
 Descentralizadas 95
firmas 43
fome 20
formação do pensamento
 116
fórmula 74
fornecedores 15
Fórum Econômico Mundial
 16
fragmentos 190
framework 29

Franchise Freedom 219
fronteiras 215
Fundo
 Monetário Internacional
 86
 Mútuo Nacional 198
future-proof 4, 193
futurismo 159
Futuristas 192
futuro 39
futurologia 191

G

game changer 117
gamificação 129
ganha-ganha 117
ganha-perde 117
ganhos de escala 3
gaps 57
gastos 135
genética 123
genoma 37
geração 14
 de Transição 100
 X 213
gerenciamento 149
gerir 68
gestores 56
GitHub 122
GlobeScan 213
Google 23, 28, 31, 50, 63
Govcoins 96
governo 62
GPS 35
GPT-3 153
gráfico 81
guerras de preço 139

H

hardware 48
harmonia 123
hiperautomatização 12
hiperconectados 73
hiperconectividade 12,
 57, 59
hipereficiência 84
hiperparâmetros 203
hipóteses 42
história 66
Home Broker 90
Homo Economicus 20
humanização 98

humano irracional 118
humanos 12
hype 91

I

ideia 79
identidade 189
ideologias 45
igualdade 35
imaginação artificial 190
impacto 39
implantação 112
impressoras 3D 177
inclusão 7
independência 131
indexação 28
indicador financeiro 80
indivíduos 68
Indústria 4.0 42
Industrial 143
influenciadores digitais 92
Informação 143
infraestrutura 175
   tecnológica 150
iniciativas 51
inovação 8
   mundial 23
inovações disruptivas 24
instituição 23
   de inovação 4
   multilateral 198
Inteligência Artificial 9, 111,
     112, 113, 116, 119,
     120, 124, 126, 127,
     131, 133, 137, 141,
     142, 143
interação 9, 50
interconexões 122
interface 50
   cerebral 51
intermediários 95
internet 72
   das Coisas 113
intervenção 59
intervenção humana 63
investimento 33
IoT 58
Ipads 117

J

James Albus 197
Jeremy Rifkin 200

jogo
   binário 120
   colaborativo 120
   competitivo 120
   econômico 115
Joseph Schumpeter 70, 194
juros negativos 81
justiça 61

L

lastro 93
Lean startup 165
legislador 114
lei 61
   de Moore 23
leitura 37
Let it Rise 155
Liberal 141
liberalismo paternal 130
liberdade 96
liderança 152
limitações biológicas 54
limites físicos 118
linha
   comportamental 124
   de atuação 61
link 204
literatura 189
livro-razão 95
lógica 52
   -matemática 116
logística 9
   física 34
lojas 200
longo prazo 74
lucro 33

M

Machine Learning 51
macro 86
macroeconômicas 44
Magic Leap 189
manutenção 60
mão dupla 108
mapas urbanos 35
máquinas 23
   comportamentais 136
   inteligentes 9
marketing 64
massa 77
   encefálica 48
matéria 154

materialidade 100
mecânica-matemática 116
mecanismo 133
medição 83
medicina 37
mentalidade 100
mente humana 22
mercado 15
   financeiro 25
   formal 39
mercados
   de luxo 37
   tradicionais 28
merchandising 182
meta-modelo 141
metaverso 189
microeconomia 90
Microsoft 150
mídias 78
   sociais 144
migração 156
millennials 213
mindfulness 206
mindset 32, 185
mineração 94
Minimum Viable Product
     165
missão 24
modelagem matemática 69
modeless 45
modelo 4
   computacional 41
   industrial 71
   linear 70
   tecnológico 75
Modelo de Crescimento Eco-
     nômico Exponencial
     26
modelos
   abstratos 102
   econômicos 22
   vigentes 29
   heurísticos 53
   industriais
     neoclássicos 76
   mentais 69
modernidade 31
moedas
   digitais 43
   criptografadas 93
   fiduciárias 96
moldes atuais 89
monetização 3

monopólio 125
moonshots 173
moonshot thinking 173
Moral 154
movimento 17, 29
  de digitalização 42
mudança climática 169
mudanças exponenciais 4
multidisciplinar 164
multimídias 35
mundo 30
  digitalizado 27
  físico 40
  ideal 138
  industrial 38
mutação 126

N

nanorrobôs 50
nanossensores 31
nanotecnologia 192
NASA 13
natureza 119
necessidades básicas 7
negócios
  digitais 28
  exponenciais 28
neoclássico 59
Netflix 156
Neuralink 51
neurociência 51
Nível
  de Prontidão
    Tecnológica 192
  subconsciente 167
nova
  Economia 42
  equação 4
novas soluções 23
Novos modelos 66
nuvem 58
NVIDIA 32

O

objeto 41
observação empírica 121
obstinação 34
oferta 20
Omniverse 32
onipresente 50
on-line 33
on the edge 152

OpenAI 152
Open Innovations 174
oportunidade 33
  radical 4
oportunista 139
Órbita Clarke 189
organismo 37
organização econômica 11
Organizações Exponenciais
  25
órgão público 62
Órgãos 49
origem 84
orquestração 57
otimização 154
ouro 94

P

países 68
  desenvolvidos 26
palestras 222
pandemia 85
papel-moeda 93
paradigmas 47
  econômicos 17
paradoxo 38
parâmetros 66
participação 7
partnership 199
PayPal 125
paz mundial 193
pensamento 4
  econômico 16
  exponencial 45
People Analytics 124
percentuais de rendimento
  135
percepção 27
período industrial 72
perpetuação 123
personalização 58
pesquisa científica 106
pessoas físicas 92
Peter Diamandis 24, 25, 192
PIB 60
Pix 101
pixel 101
planejamento 9
planeta 28, 144
planilha eletrônica 178
planos de estímulos 78
plataformas 59
players 90

pluralidade 103
poder
  exponencial 72
  governamental 96
políticas
  fiscais 87
  monetárias 85
políticos 56
população 31
  mundial 125
postos de trabalhos 105
prata 94
precificação 89
predição 189
preditivo 159
prejuízos 83
Prêmio Nobel de Economia
  55
pré-revolução tecnológica
  72
prescritivo 159
presente 22
preservação 7
previsibilidade 159
privacidade 89
probabilidades 56
problemas complexos 23
processamento
  computacional 23
  quântico 158
procuração 79
produção 59
produtividade 16
  do capital 59
Produto Interno Bruto 60
programação 9
programador 210
programas 113
progresso tecnológico 69
projeção 215
projetos 36
  de inovação 157
  de moedas 94
proliferação 96
promoção 145
propriedade comum 68
proteção intelectual 112
protocolos 95, 175
  abertos 157
proxy 79
público 61

222 • ÍNDICE

Q

qualidade 52
queda contínua 3
questões econômicas 68

R

racionalidade 23
raiz 43
rapidez 27
rastreabilidade de transações 84
Ray Kurzweil 23
razão 70
realidade 22
receitas financeiras 29
recursos 3, 24
abundantes 7
redes
neurais 51
sociais 101
registros eletrônicos 93
Regra 72
reguladores 56
reinvenção 146
relações
cognitivas
humanas 48
econômicas 44
renda 180
rentabilidade 28
réplica 27
digital 40
simplificada 42
representatividade 92
resistência antitecnologia
114
restrições biológicas 23
resultados financeiros 28
revendedor 121
revisão 63
revista 167
revolução 12
cognitiva 13
industrial 69
tecnológica 27
riqueza 80
robôs
analíticos 61
mecânicos 59
Robótica 178
ruptura 29

S

saúde
4.0 42
fiscal 93
mental 114
Science Fiction Design
Intelligence 129
SciFi D.I. 128
segurança 49
seleção econômica 126
semiautônoma 51
sensores
biológicos 48
vestíveis 50
sentido não linear 45
sentimentos 168
seres
humanos 9
sociais 215
serviços
financeiros 95
personalizados 35
setor judiciário 61
simulações digitais 41
sindicatos 35
Singularidade Tecnológica
23
SingularityNET 186
Singularity University vi, 4,
13, 22, 23, 25
Siri 189
sistema
bancário 31
financeiro 12
previdenciário 38
rápido 54
Sistemas em nuvem 149,
150, 154, 155, 156,
157, 158, 159
smart contracts 95
smartglass 202
smartphone 31
sobretaxas 139
sobrevivência 53
socialista 122
sociedade 23
sociocultural 27
softwares 62
soluções criativas 151
soma-zero 117
SpaceX 24
Spotify 52, 156
spreads 96

startups vi, 8, 14, 83, 104,
130, 174
status 94
quo 96
STEAM 170
streaming 156
submissão 130
subsistemas 140
sucesso 36
Super Inteligência 203
supersensores microscópi-
cos 31
supremacia tecnológica 172
sustentabilidade 98

T

tarefa 45
taxa de mortalidade
83
taxas de juros 88
técnicas 52
Tecnologia 70, 71, 73, 75,
76, 78, 81, 84, 86,
89, 90, 91, 92, 95,
96, 99, 100, 101,
102, 103, 105, 107,
108
exponencial 73
telas 114
telecomunicações 175
telemarketing 64
telemedicina 58
tendências 25
Teoria
da Perspectiva 55
das Mudanças Aceleradas
23
da utilidade 55
do Caos 119
dos Jogos 119
evolutiva 52
território mundial 31
Tesla 24, 151
The Economist 154
timelines 82
time to market 156
T-Labs 25
tokens 94, 183
top-down 46
Toyota 65
trabalho 7
intelectual 63
tradução 40

ÍNDICE • 223

transações eletrônicas 90
transformação
 digital 15
 financeira 3
transformações
 exponenciais 14
 massivas 23
transição 14, 73, 156
 econômica 11
transparência 61, 84
transumanismo 175
treinamentos 222
tributação 87
trilhão 95
Twitter 193

U

Uber 35, 39, 83, 111
ultimate interface 50
universidades 112
universo 41
update 100
Updates 142
upgrades 142
urbanização 15
useless 66

usuário-consumidor 103
utópico 129

V

Vale do Silício 4, 25, 144
validação 95
vantagem 54
varejistas 157
varejo 121
variáveis
 complexas 11
 econômicas 83
 financeiras 83
variável externa 69
velocidade 3
via débito 78
vida 37
 humana 47
videogame 129
vieses 45
 mentais 53
Vipassana 207
visão 19, 81, 171
 limitada 44
 sistêmica 118
visibilidade 158

visionários 173
viva-voz 91

W

wearables 50
Web 3.0 176

X

Xlabs.ai 142
XP Investimentos 172
XPrize 24

Y

YouTube 52
Yuval Harari 204

CONHEÇA TAMBÉM:

Transformações Exponenciais

Organizações
Exponenciais

Bold:
Oportunidades
Exponenciais

Abundância

Projetos corporativos e edições personalizadas
dentro da sua estratégia de negócio. Já pensou nisso?

Coordenação de Eventos
Viviane Paiva
viviane@altabooks.com.br

Assistente Comercial
Fillipe Amorim
vendas.corporativas@altabooks.com.br

A Alta Books tem criado experiências incríveis no meio corporativo. Com a crescente implementação da educação corporativa nas empresas, o livro entra como uma importante fonte de conhecimento. Com atendimento personalizado, conseguimos identificar as principais necessidades, e criar uma seleção de livros que podem ser utilizados de diversas maneiras, como por exemplo, para fortalecer relacionamento com suas equipes/ seus clientes. Você já utilizou o livro para alguma ação estratégica na sua empresa?

Entre em contato com nosso time para entender melhor as possibilidades de personalização e incentivo ao desenvolvimento pessoal e profissional.

PUBLIQUE SEU LIVRO

Publique seu livro com a Alta Books. Para mais informações envie um e-mail para: autoria@altabooks.com.br

CONHEÇA OUTROS LIVROS DA **ALTA BOOKS**

Todas as imagens são meramente ilustrativas.

 /altabooks   /alta-books   /altabooks   /altabooks

Este livro foi impresso nas oficinas gráficas da Editora Vozes Ltda.,
Rua Frei Luís, 100 – Petrópolis, RJ.